李 卓／著

# 高校质量文化建设路径研究

辽宁人民出版社

图书在版编目(CIP)数据

高校质量文化建设路径研究 / 李卓著 . -- 沈阳：
辽宁人民出版社, 2025. 2. -- ISBN 978-7-205-11419
-0

Ⅰ . G647

中国国家版本馆 CIP 数据核字第 20245T08Z7 号

出版发行：辽宁人民出版社
　　　　　地址：沈阳市和平区十一纬路 25 号　邮编：11003
　　　　　电话：024-23284325（邮　购）024-23284300（发行部）
　　　　　http://www.lnpph.com.cn
印　　　刷：辽宁一诺广告印务有限公司
幅面尺寸：170mm×240mm
印　　张：14.75
字　　数：200 千字
出版时间：2025 年 2 月第 1 版
印刷时间：2025 年 2 月第 1 次印刷
责任编辑：张天恒　　王晓筱
装帧设计：识途文化
责任校对：吴艳杰
书　　号：ISBN 978-7-205-11419-0
定　　价：68.00 元

# 前　言

　　美国教育社会学家马丁·特罗将高等教育发展历程划分为精英、大众化和普及化三个阶段，各国学者又以此为基础提出了新的观点，即后大众化阶段的概念。日本学者有本章（1997）归纳了后大众化的典型特征：高等教育适龄人口入学率增长在未达到普及化之前就出现了停滞和波动，而非传统的成人学生入学率却持续增长。美国学者佩特里夏·甘波特等人也论述了当代美国高等教育中的后大众化现象，指出伴随高等教育扩张的停顿，许多新问题如公共资助的减少、市场竞争的增强和职业主义的兴盛等开始涌现。近年来，我国学术界也开始关注这一问题。如杨移贻强调：我国高等教育大众化达到一定的量如毛入学率25%后，直至普及化之前的时期都可以归属为后大众化阶段，这个阶段是一个发展的平缓期，需要对各类问题进行反思并做出调整。由此可见，高等教育大众化并非一个直线加速过程，在入学率达到一定程度之后，将迎来一个相对平缓的后大众化时期，需要对整个高等教育的发展过程重新加以检视。

　　我国在经历了较长时间的精英教育模式之后，于2002年跨入了大众化阶段。2012年全国毛入学率上升至30%，表明高等教育正逐渐步入后大众化发展时期。在这一新形势下，各方开始纷纷思考高等教育的转型问题。方晓田和王德清指出，应从时间、速度和质量三个维度把握后大众化的概念。而高等教育发展实践也表明，在数量与质量、规模与效益以及外延与内涵等诸多矛盾中，质量问题的解决尤其迫切，成为各方问责的重点。各界普遍质疑高校存在效率低下、成本高昂、信息不对称和人才培养脱节等问题。高校作为质量保障活动中的基层单位，发挥着核心作用，必须思考新形势下质量建设的新路径。根据教育部2024年的统计数据，目前我国共有普通本科院校1308所，其中民办本科院校423所，占比为32.34%，民办普通、职业本科和专科在校生924.89万人，占全国普通、职业本专科在校生的比例为25.27%。由此可见，民办高校已经成为我国高等教育发展中一支不可或缺的力量。民办高等教育在扩大规模的同时，逐渐认识到提高质量是实现可持续发展的核心问题。与公办高校相比，民办高校因其生源、师资、物质条件以及制度环境等方面的先天弱势，更需对质量问题加以关注。质量文化作为一种新思路，近年来成为阐释高等教育内部质量的一个重要指标。长期以来，在技术主义路线指导下的高等教育质量管理出现了重视技术理性忽视文化精神、重视外部监控忽视自我提升、重视科层控制忽视人本管理的问题。高校是拥有大学自治和学术自由的松散性联合组织，相应地，高等教育也更多具有经验产品或信任产品的属性，无法完全依靠技术、工具和程序等线性手段来考察其品质和水平。由此，质量文化的概念应运而生。质量文化由美国质量管理大师菲利普·B.克劳士比（Philip B. Crosby）于20世纪80年代正式提出，最早应用于企业管理中，近年来才受到高等教育领域的关注。

本书基于民办本科院校质量文化培育的相关概念，明确民办本科院校质量文化培育的意义，结合大学质量文化内涵与发展，比较国际上大学质量文化培育路径，分析民办本科院校质量文化样态，建设民办本科院校教学质量保障体系，针对民办本科院校质量文化培育的现实挑战，提出民办本科院校质量文化培育路径。

本书对民办本科院校质量文化培育进行了全面而深入的研究，为民办本科院校的质量提升和可持续发展提供了有益的参考。希望广大民办本科院校能够认真学习本书的内容，结合自身实际情况，积极探索适合自身的质量文化培育路径，为培养更多优秀人才、推动民办高等教育事业的发展做出更大的贡献。

# 目　录

# 第一章 绪 论

随着教育改革的深入和社会对高等教育多样化需求的日益增长，民办本科院校作为我国高等教育体系的重要组成部分，正逐步展现出其独特的生命力与活力。质量文化，作为组织文化的核心要素之一，在高等教育领域尤其重要。它不仅关乎教学质量的提升，更是影响学校整体发展、塑造品牌形象的内在驱动力。面对高等教育质量提升的时代命题，民办本科院校质量文化的培育具有深远的意义。

## 第一节 民办本科院校

### 一、我国民办高等教育的发展历程

我国民间办学最早可追溯到春秋战国时期孔子开办的私学，此后两千多年，私塾、书院等民间办学形式始终存续。中国近代私立学校和教会学校有过较大的发展，到1949年，全国有私立高校（含教会开办高校）81所，占全国高校数的39.5%。可以说中国私学为传承中华文明，传播现代科学文化知识，发展教育事业做出了不可磨灭的贡献。然而，到了1951年，所有教会大学被国家接管，1952年，其他私立高等院校又全部收为公立，实现了国家"对私有制的改造"，使我国的民办高校消失了整整30余年。直到十一届三中全会的召开，国家开始实行改革开放后，我国的民办高等教育才开始复兴。关于我国民办高等教育的发展历程，有"三阶段""四阶段""五阶段"等不同的说法，笔者认为我国民办高等教育的发展至今经历了六个阶段：

（一）第一阶段：萌芽期（1978—1983年）

1977年我国恢复高考，当时全国只有4%—5%的高考录取率，"千军万马挤独木桥"是当时高考的真实写照。然而我国实行改革开放，加快社会主义现代化建设对人才提出了巨大需求，高等教育的发展远远满足不了人民群众的需求，由此引发了一些知识分子的办学热情。一些有识之士开始举办各种各样的高考辅导班、技术培训班，高等教育自学考试助考班和学历文凭考试助考班。

当时比较有名的一些学校有1977年由著名教育家刘季平先生和著名教育艺术家李燕杰先生等创办的北京自修大学；1980年原国家学部委员、北京农业大学第一任校长乐天宇教授自筹资金回乡创办的"九嶷山学院"；1982年由聂真、张友渔、刘达等著名教育家创办的中华社会大学等。这些学校大多是由民主党派或社会著名知识分子举办，但普遍缺乏资金，最后基本都没有进入普通高校行列。

厦门大学邬大光教授认为："我国民办高等教育的复兴究竟从何时算起，目前比较公认的看法，是把长沙中山业余大学作为我国改革开放后民办高等教育的雏形，把1982年创办的中华社会大学作为民办高等教育诞生的标志。其实，无论是湖南长沙中山业余大学，还是中华社会大学，都只能说是'助学机构'，而非严格意义上的学历教育。"

这一时期的民办高等教育机构虽然没有颁发学历文凭资格，还不能算是真正的"大学"，但其产生具有历史性的意义。首先，这种办学形式满足了当时众多考生的需求，弥补了高等教育资源严重不足而带来的人才缺口，成为高等教育的重要补充。其次，这批"民办高校"是在当时严重的计划经济体制下产生的，是社会力量举办高等教育的有益尝试，是我国民办普通高等教育的孕育。

（二）第二阶段：发展起步期（1984—1991年）

1984年对于我国民办高校的发展具有深远意义。这一年我国多个省市筹建了一批省（市）内招生、自筹资金、自主办学、毕业生不包分配、国家承认大专学历文凭的民办普通高校。刘莉莉博士在2000年做过统计，在当年37所具有颁发学历文凭资格的民办高校中有11所创办于1984年和1985年，分别是北京海淀走读大学、凉山大学、邕江大学、中原职业学院、黄河科技学院、湖北函授大学、浙江树人大学、西安女子培华大学、长江职业学院、福建华南女子职业学院、天津联合业余大学。从1984年到1991年间成立的这类学校全国有30余所，并且都是经各地政府批准的具有独立颁发学历文凭资格的普通高校，都是国家计划内招生。因为当时的政治环境正处于姓"资"姓"社"的讨论时期，政府审批的这些学校"性质"是不明确的，多冠以"公办民助"或"筹建"的名义，政府还没有明确提出发展民办普通高校的政策。这些学校大多数是混合型的，公办民助、民办公助的都有，很多由民主党派或政协举办，官方色彩还比较浓，办学性质不透明，一般不明确"民办"身份。因此，什么时候进入"民办"序列，没有文件标明。

（三）第三阶段：发展探索期（1992—1998年）

1992年邓小平的"南方谈话"，极大地解放了人们的思想观念。1993年《中国教育改革和发展纲要》颁布，对民办高等教育发展提出了"积极鼓励、大力支持、正确引导、加强管理"的十六字方针，民办高等教育发展得到了政府的支持。与此同时，高等学历文凭考试（录取标准与教学计划由教育行政部门制定，学校负责招生和组织教学，其中70%的课程由考试机构组织考试，30%的课程及实验课、实践教学环节由学校组织考试，国家承认其大专学历）开始在部分省市试点，使得民办高等教育机构的办学不断规范，快速发展。到1999年，民办高等教育机构全国已有1277所，在校生达到148.8万人，其中有370所高等学历文凭考试学校，29.7万在校生，约占全国全日制高校在校生的7%。

1993年国家教委印发了《民办高等学校设置暂行规定》，第一次提出了"民办高等学校"的概念，明确了民办普通高校的设置条件和程序。1994年，黄河科技学院、上海杉达学院、浙江树人大学、四川天一学院成为原国家教委首次审批通过的四所民办普通高校，第二年，黑龙江东方学院和江苏三江学院也获得了批准。根据《民办高等学校设置暂行规定》，这些获批的学校名称前面都需要冠以"民办"二字。首批6所民办普通高校问世后，自1984年以来原先经各省市自行批准的部分符合条件的民办普通高校经向国家教委备案后得以合法化。

然而，这些民办普通高校创办初期"无校舍、无资金、无教师"，办学经费十分紧张，办学条件十分简陋。教育部门担心办学质量，对民办普通高校的发展持比较谨慎的态度。1997年国务院颁发《社会力量办学条例》，严格控制社会力量举办高等教育机构，民办普通高校审批几乎停顿。到1998年，全国仅有25所民办普通高校，2.4万在校生。

1994年7月，我国诞生了第一所民办本科大学——仰恩大学。仰恩大学是由吴庆星家族独资设立仰恩基金会并于1987年出资创办，最早由福建省教委和华侨大学联合办学、共同管理，当时称华侨大学仰恩学院。1989年8月，仰恩学院脱离华侨大学独立办学，经国家教委同意，改名为仰恩学院（正厅级），仰恩基金会将学校全部校产捐赠给了福建省政府。1992年3月，在仰恩学院的基础上建立仰恩大学（由吴庆星先生捐资兴建，国家办学，福建省人民政府领导）。从1994年7月起，仰恩大学作为中国教育改革的试点，由仰恩基金会独立办学，成为全国第一所具有颁发国家本科学历证书和授予学士学位资格的民办大学。

（四）第四阶段：快速发展期（1999—2006年）

1999年第三次全国教育工作会议提出："进一步解放思想、转变观念，积极鼓励和支持社会力量以多种形式办学，满足人民群众日益增长的教育需求，形成以政府办学为主体、公办学校和民办学校共同发展的格局。"第三次全国教育工作会议后，我国高等教育开始大扩招，与此同时，我国民办高等教育也进入了快速发展时期。2002年12月28日《民办教育促进法》正式通过，并从2003年9月1日起施行。民办教育终于有法可依，进一步促进了社会力量举办民办教育的积极性。这一时期，民办高校数量和在校生数在整个高等教育中的比例迅速提升。从民办高校数量来看，1998年只有22所，到2006年就达到了278所；从在校生数来看，1998年民办普通高校在校生数为2.2万人，到2006年就达到了280.5万人，民办高等教育进入快速发展期，在我国高等教育的大众化进程中发挥了积极作用。这一时期民办高等教育发展的特点主要是民办高校数量的迅速增加和办学规模的迅速扩大。

2000年以前，我国只有仰恩大学一所由爱国华侨以教育改革试点性质设立的民办本科院校，其他民办高校均只有专科层次，以开展职业技术教育为主。2000年开始，国家允许部分符合条件的民办高职院校申报升格本科。2000年，黄河科技学院升本成功，自此，民办高等教育开始了本科办学之路。2002年，上海杉达学院和三江学院升格成为本科；2003年，浙江树人学院、黑龙江东方学院、西安培华学院、北京城市学院、吉林华侨外国语学院升格成为本科；2005年，西京学院等16所民办高职院校升格为本科；2006年上海建桥学院升格本科；2007年河北传媒学院升格为本科；2008年浙江越秀外国语学院等13所民办高职院校升格为本科院校，至2008年底，全国共有本科层次的民办普通高等学校40所。

（五）第五阶段：发展转型期（2007—2016年）

1999年到2006年，是我国高等教育大扩招的时期。2001年我国高等教育毛入学率达到了15%，从精英高等教育跨越到了大众化高等教育。2005年我国高等教育在学规模达到2300万人，成为世界上高等教育规模最大的国家。高教大发展满足了经济社会发展对人才的需求，但也引发了人们对高等教育质量的质疑。在这样的背景下，国家适时启动了高等学校教学工作质量工程，高校发展重点开始从规模扩张转向内涵建设。

在高等教育大扩招时期，国家对民办高等教育的发展实施比较积极与宽松的政策，民办高校数量和办学规模也迅速壮大，出现了一批万人规模的民办高校。然而如此快速的发展速度与教学资源的不足形成了巨大反差，民办高校的投资水平与管理能力亟待提高，部分民办高校出现了稳定危机，学生群体性事件频发，引起社会各界广泛关注。政府开始高度重视民办高校的管理问题，先后出台了《关于加强民办高校规范管理，引导民办高等教育健康发展的通知》（国办发〔2006〕101号）、《关于加强民办高校党的建设工作的若干意见》（教党〔2006〕31号）等文件，加强民办高校的管理。2007年1月16日，教育部发布了25号令，即《民办高等学校办学管理若干规定》，强调规范办学，维护民办高校师生和举办者的合法权益，引导民办高校健康发展。

这一阶段，民办高校从规模扩张转向了内涵建设，不断加强规范，改善办学条件，办学质量也得到了不断提升，民办高校在稳定中发展。截至2017年5月31日，全国共有民办普通高校735所，其中本科417所（含独立学院265所）、高职（专科）318所，民办普通高校占全国普通高校总数（2631所）的28%，已经成为我国高等教育的重要组成部分。2011年10月17日，北京城市学院、西京学院、河北传媒学院、黑龙江东方学院、吉林华侨外国语学院获准试点招收硕士专业学位研究生，开启了民办普通高校培养硕士研究生的新征程，对民办高等教育的发展具有非常重大的意义。

（六）第六阶段：分类管理与健康发展期（2017年至今）

虽然我国民办高校经过30多年的发展，取得了巨大的成绩，已经成为我国高等教育的重要组成部分，但是我国民办高校长期以来存在着"法人属性不明、产权归属不清、扶持政策难以实施、平等地位难以落实"等突出矛盾和关键问题，影响我国民办高校的健康发展。为此，教育部从2012年开始启动了《民办教育促进法》的修订工作，2016年11月7日第十二届全国人民代表大会常务委员会第二十四次会议通过了《全国人民代表大会常务委员会关于修改〈中华人民共和国民办教育促进法〉的决定》，并于2017年9月1日起施行。而此次修法的核心是对民办学校按非营利性和营利性实施分类管理，其目的就是解决原先民办学校法人属性不明、产权归属不清等问题，使政府可以分类落实财政、税收、土地等方面的扶持政策，使营利性和非营利性的民办教育都能得到良性的发展。2018年12月29日，第十三届全国人民代表大会常务委员会第七次会议通过了《关于修改〈中华人民共和国劳动法〉等七部法律的决定》，对《民办教育促进法》进行了第三次修正。

根据教育部最新发布《全国高等学校名单》，截至2024年6月20日，全国高等学校共计3117所，其中，普通高等学校2868所，含本科学校1308所、高职（专科）学校1560所；成人高等学校249所。该名单未包含港澳台地区高等学校。其中，民办普通高校799所，内有民办本科423所。根据高等教育数字局的统计，全国423所民办本科高校中，有独立设置的民办普通本科大学234所，有尚未完成转设的独立学院154所，有独立设置的民办职业本科大学23所，还有12所独立设置的中外高校或者内地高校与香港高校共同举办的合作办学机构，也在管理机制等方面与民办高校类似。

随着民办教育分类管理政策的逐步落实，民办高等教育将朝着依法办学、健康发展的道路前行，相信不久的将来，我国必将出现一批高水平的民办普通高校[①]。

## 二、民办本科院校的概念界定与发展特点

### （一）民办本科院校的概念界定

1993年8月17日教育部颁发了《民办高等学校设置暂行规定》，第

---

①赵海峰.民办本科高校教学质量保障体系建设研究——基于浙江省民办本科高校的调查分析[D].厦门：厦门大学，2020.

一次明确了"民办高等学校"的概念，"系指除国家机关和国有企事业组织以外的各种社会组织以及公民个人，自筹资金，依照规定设立的实施高等学历教育的教育机构"。《中华人民共和国民办教育促进法》（以下简称《民办教育促进法》）第二条指出："国家机构以外的社会组织或者个人，利用非国家财政性经费，面向社会举办学校及其他教育机构的活动，适用本法。"根据上述国家的法律和规章，民办本科院校是指国家机构以外的社会组织或个人，主要利用非国家财政性经费，经国家有关部门批准设立的以实施本科学历教育为主的普通高等学校。这一概念包含以下四方面内涵：

一是其举办者是国家机构以外的社会组织或个人。也就是说它不是国家举办的，它的举办者主要有两类，一类是个人出资举办；另一类是具有法人资格的社会组织出资举办，如企业、社会团体等。当然也可以由个人和具有法人资格的社会组织共同出资举办。因此，它具有民间办学的性质，是现代意义上的私立高校。

二是其办学经费主要来源是非国家财政性经费。办学经费的来源是界定民办高校与公办高校的主要特征之一。民办高校虽然是民间办学，但同样是为社会培养有用人才，具有"公益属性"，因此，民办高校的发展同样需要政府财政的补助。根据新修订的《民办教育促进法》第三十六条规定，民办学校的经费来源主要有四大块："举办者投入民办学校的资产、国有资产、受赠的财产和办学积累。"因此，虽然是民办学校，主要利用非国家财政经费办学，但不排斥政府财政经费支持。从世界范围来看，许多国家对私立大学的发展也都有不同程度的经费资助，有的补助经费额度甚至非常大。根据新修订的《民办教育促进法》，国家对民办学校按非营利性和营利性实行分类管理的政策，对于非营利性的民办学校，将加大政府财政的支持力度。

三是经国家有关部门批准设立。按照国家对民办高校实行"分类管理"的原则和《民办学校分类登记实施细则》，非营利性的民办学校登记部门为民政部门或事业单位登记机关，而营利性民办学校的登记机关为工商行政部门。新修订的《民办教育促进法》第十一条规定："民办学校的设置标准参照同级同类公办学校的设置标准执行。"

四是主要以实施本科学历教育为主。2006年教育部发布的《普通本科学校设置暂行规定》（教发〔2006〕18号）中指出，"普通本科学校主要实施本科及本科以上教育。"因此，民办本科院校还包括在实施本科学历教育的同时实施研究生教育的高校。

（二）民办本科院校的发展特点

民办本科院校作为我国高等教育体系的重要组成部分，近年来呈现出较为突出的发展特点。首先，在规模上不断扩大。据统计，目前我国共有民办本科院校780余所，占全国普通高校总数的近四分之一。这些民办高校吸纳了大批优秀的高考考生，为广大家庭提供了更多的高等教育机会。其次，办学层次不断提升。随着民办高校教育理念、师资队伍和教学设施的不断改善，其培养的毕业生质量也越来越高，部分民办高校已经成为区域内重要的人才培养基地。再次，特色发展明显。不同的民办高校根据自身的区域优势、学科特点和办学理念，纷纷开发出富有特色的专业设置和人才培养方案，形成了自身的办学特色和品牌优势。最后，社会影响力不断增强。随着民办高校办学水平和社会声誉的提升，它们在当地经济社会发展中的作用也日益凸显，成为区域人力资源开发的重要力量。

**三、新时代民办本科院校特色发展**

当前，中国高等教育逐步从高速发展转向了高质量发展，提高人才培养质量、增强服务国家经济社会高质量发展的能力和水平，已是当前高等院校面临的核心任务。在此背景下，民办本科院校肩负的任务更加艰巨、遇到的竞争更加激烈，其特色发展工作出现了许多新的问题与瓶颈。显然，精准分析和梳理新时代下特色发展过程中出现的这些新问题，认真研究和总结解决这些问题的对策，对推动新时代民办本科院校特色发展工作走深走实，最终形成自己的良好地位和竞争优势，具有重大意义。

（一）新时代民办本科院校特色发展存在的问题

1.办学定位模糊，特色不鲜明

当前，不少民办本科院校过度扩大招生规模，盲目增加所谓热门专业，使得教学设施、师资条件都不能很好满足教育教学要求，学校自身实力无法匹配这些专业的建设与发展，导致人才培养质量下降，社会声誉下滑，这些其实都是由于学校办学定位模糊而导致的结果。还有一些民办本科院校忽视自身的基础和条件，忽视地方区域经济社会发展需求，一味追求"高、大、全"，提出一些不切实际的定位，特色不鲜明甚至无特色可言，基本上就是一些时髦口号。也有一些民办本科院校虽然会根据自身的实际和地方经济社会发展特征，提出自己的办学定位，但在具体的教学工作开展中又受利益驱使，过分看重功利性和时效性，不断偏离这个定位，最终导致学校特色发展后劲不足。

2.学科建设滞后，科研力量薄弱

民办本科院校一般是应用型、教学型学校，在特色发展中长期"强化专业而淡化学科""重教学而轻科研"。科研工作投入较少，学术氛围不浓，学科建设长期处于低水平甚至停滞的状态。进入新时代，不少民办本科院校虽然已意识到了学科建设对学校特色发展的重大意义，设置了科研管理机构，制定了学科建设规划，但在实际工作中却很少关心和支持，缺乏相应的过程监控和绩效评价，学科内涵建设没有真正落到实处。大多数民办本科院校没有专门的科研机构和科研实验室，也没有组建科研团队，科研仪器设备缺乏，科研力量薄弱，这些因素不仅导致了学科建设水平落后，而且严重制约了办学特色的形成与凝练。

3.课程体系结构与人才培养目标定位不符，知识较陈旧

民办本科院校培养应用技术型人才的定位，就决定了在构建专业课

程体系时应高度重视实践课程的设置，其所占的比例应高于理论课。然而，目前大多数民办本科院校由于师资和财力的原因，所使用的课程体系依然是以理论课程为主、实践课程为辅，就是这不多的实践课程中也大部分是在校内实验室进行，到校外企事业单位一线实习、实训的机会较少，学生实践动手能力的训练和培养过程严重不足。课程体系中不少课程的知识陈旧，与现有的新技术、新知识存在很大差异。这种课程体系结构不合理、知识陈旧的问题，极大地妨碍了应用技术型人才的培养和办学特色的构建。

4.双师型教师匮乏，难以支撑特色发展

目前，我国民办本科院校的师资主要有两大部分：一是来源于公办高校的退休教师和在职兼职教师，二是来源于国内外高校毕业的研究生。前者大多年龄偏大，又基本上是理论性人才，教学精力和实践能力都不足，在教学过程中依旧按照公办大学的教学模式，重视理论知识传授，忽视实践能力培养，缺乏实施学校特色发展战略的积极性，没有科研和教研的动力，责任心和归属感较差，使得学校教育教学工作缺乏稳定性，特色发展难度增大。后者是学校一线教学的主力军，但是他们基本上都是从大学门到大学门的非师范生，没有经过规范、系统的教学训练，也缺乏生产与工程实践锻炼，其教育教学能力难以支撑学校特色发展。再加上资金匮乏，民办高校一般不出资组织教师外出培训、进修，这又增加了学校双师型教师队伍建设的难度。可以说，双师型教师的匮乏已经成为新时代民办本科院校特色发展的最大障碍。

（二）解决新时代民办本科院校特色发展存在问题的对策

1.科学确定办学定位，指导特色发展

科学准确的办学定位，是民办本科院校实施特色发展战略的前提和基础。民办本科院校的办学定位主要包括以下三个方面：首先，在服务面向上应确定主要为地方区域经济社会发展服务。这一点在很多公办地方本科院校的服务定位中也很明确，但笔者认为，民办本科院校大多是由当地一个或多个企业集团投资兴办的，因而在产学研合作办学上就比公办地方本科院校更具优势。民办本科院校要想形成自己独特的服务特色，更应发挥这个优势，为相关产业提供技术和人才支撑；其次，在办学类型上应确定为应用教学型本科院校，以教学型为主，在此基础上突出应用性，根据学校所处地方的区域特点，细化办学类型定位；第三，在人才培养目标上应确定为应用技术型，主要培养适应地方企事业单位生产、技术、服务和管理工作一线实际需要的本科应用技术型人才，这既不同于二本院校的应用型人才，也不同于高职院校的技能型人才，是一类理论知识与研发能力强于技能型、实践知识与动手能力强于应用型的高级专门人才，实际上这正是地方经济社会发展一线急需的人才。

2.学科与专业建设协调发展，依据产业链需求打造学科专业群

学科专业建设是高校办学特色的集中体现，是高校竞争力的核心。民办本科院校在新时代要走好特色发展之路，就必须围绕自己的办学定位，根据学科建设、专业建设各自的任务，突出重点，协调发展，按照所处区域产业链需求全力打造学科专业群，提升办学质量。

学科是形成办学特色的重要保证。民办本科院校虽不是研究型大学，但必须要有学科意识，通过学科建设提升质量，凝练特色。首先，民办本科院校可从自身办学条件、师资队伍和地域文化等现有资源出发，集中力量建设与地方产业链接轨、具有鲜明特色的应用学科体系，在符合学科建设规律的前提下，建设应用型科研平台，打造应用型科研团队，开展应用型科学研究。其次，学校管理层要转变观念，大力倡导科研学术理念，通过提升制度设计和服务能力，努力创建一个和谐的学科建设环境，不断营造出崇尚学术、尊重人才的良好氛围；要整合学校资源，尽可能为教师科研提供便利，推动科研工作走深走实。

对民办本科院校来讲，专业建设是各项教学建设的龙头，抓住了专业建设，就抓住了特色发展的关键。民办本科院校要树立专业建设的龙头地位，准确把握地方经济社会高质量发展对人才的新要求，瞄准地方产业结构及发展趋势，有所为有所不为。对市场需求大、师资力量强、

教学条件好的专业要重点建设，形成特色，办出规模，成为推动地方产业升级换代的支撑力量；而对那些市场前景黯淡、需求不畅的专业，无论师资力量强弱、教学条件好差都要坚决放弃。此外，还要适时地对专业建设进行评估，形成主动适应地方人才市场发展需要的专业设置与调整改造机制，有计划、有重点地培育和建设若干既能对接地方产业链和主流技术又有鲜明特色和优势的专业集群。

3.改革人才培养模式，坚持"以能力培养为核心"的教学原则

民办本科院校人才的培养目标是培养适应地方经济社会发展实际需要的、面向一线的本科应用技术型人才。显然，要实现这种目标，必然要突破传统的培养模式，实施特色培养，使学生毕业即就业、上岗即上手。首先，要构建能满足应用技术型人才培养需要的课程体系，在其总体设计上要坚持德智体美劳"五育并举"的方针，不要求知识的系统性和完整性，而要求理论知识与实践能力的最佳结合；在具体设置上要增加实验、实习、实训等实践课程的比重，尤其要强化以直接获取实际经验和能力为主的生产现场实践教学环节。其次，要创新人才培养途径，跳出"围墙"培养人才。民办本科院校要充分利用办学投资方作为办学后盾这个优势，以培养学生实践动手能力为导向，组织学生到企业生产、技术、服务、管理一线实题实做，学校老师与企业专家共同指导，真正使学生在学中做、在做中学。第三，要改革教育教学方式方法，一方面要突出民办本科院校的应用型、技术型特征，在教学过程中始终坚持以"能力培养为核心"的教学原则，着力培养学生的职业素养和应用知识分析问题、解决问题的能力；另一方面，要彻底纠正以教师、课堂、教材为中心的"三中心"传统教学模式，积极采用基于问题、基于案例、基于项目等多种教学方式，为学生的主动学习、动手实践和个性发展创造条件。

4.加大双师型教师队伍建设力度，提高教师队伍实践教学能力

双师型教师是指既有扎实理论知识、具备较强教学科研能力，又有

丰富实践经验、具备工程应用能力的教师。只有依靠广大双师型教师的特色教育教学，学校才能办成特色。民办本科院校在编制、待遇等问题上与公办院校存在明显差异，自身吸引力较弱。面对这个状况，学校在双师型师资队伍的建设上要另辟蹊径，利用民办本科院校灵活的体制机制吸引来自企业和科研院所的高职称高水平人才，实施"长期引进，长期聘用""长期聘用，来去自由""短期聘用，一事一议"等措施，实现人才引进的软着陆、稳扎根。同时，要加强自有教师队伍的教育和培养，努力为他们提供进修学习的机会、施展才华的舞台和发展进步的空间。要充分发挥学校产学研结合、校企合作办学机制优势，鼓励和支持中青年教师利用多种形式到企业一线接受培训或挂职锻炼，参加生产管理与技术研发工作，收集提炼教学案例，从而完善自身知识与能力结构，增强自身实践教学能力，尽快成为合格的双师型教师。要建立起确实能鼓励先进、激励后进的人才考评机制，让有能力、有成果、有贡献的双师型教师得到应有回报，提高学校特色发展的凝聚力、向心力。

5.坚持开放办学，"借力"发展特色

民办本科院校走特色发展之路，可通过开放办学向外界"借力""引智"，合力打造特色，发展特色。一方面与国外大学同类优质资源开展人才联合培养和科技联合攻关，汇集各方资源和英才"合力解题"，提升特色发展质量；另一方面积极寻求与国内地方公办本科院校的合作交流，努力争取公办本科院校在学科专业、师资队伍、教学管理等方面的专业指导和支持，提升办学治校水平；再一方面是主动与地方政府职能部门、企事业单位建立融洽的协同育人合作关系。

# 第二节　质量文化

## 一、质量文化相关概念

### （一）质量

"质量"最初在物理学中指的是"量度物体惯性大小的物理量"；而在企业中则是指"产品或工作的优劣程度"；在管理学中对质量的定义是："客体的一组固有特性满足要求的程度。"也正是因为"质量"源于不同主体的主观的价值判断和需要程度，所以一直以来，"质量"的定义在不同的领域和视角下是各不相同的[①]。

### （二）文化

关于"文化"一词，拉丁语"cultura"最初的语义包括"培育、种植"等。我国权威工具书《辞海》对"文化"的界定为：①文化指"人类社会历史实践过程中创造的物质财富和精神财富的总和"（广义）；②文化指"社会的意识形态，以及与之相适应的制度和组织机构（狭义）"。各界对于"文化"概念的讨论不绝于耳，至少已有三千多种。但同时也可以达成一个基本的共识：文化是一种经过历史沉淀的、较为抽象的客观存在。在日常生活中我们也用"文化"来指广泛的知识，也指内心的精神和修养。文化作为上层建筑对经济基础的反作用，对同一群体或成员的价值观、行为、习惯等具有强大的导向性和凝聚力。

### （三）高等教育质量

在高等教育领域中，对于"质量"的定义也有很多。国外关于高等教育背景下"质量"的定义中，较有代表性的是哈维和格林提出的，分

---

①中国质量协会. 质量文化建设方略[M]. 北京：中国标准出版社，2011.

别从以下五种角度对"质量"进行理解：①将质量看作"例外、特殊或卓越"；②将质量看作"完美或一致性"；③质量作为"符合目的的程度"；④将质量理解为"物有所值"："质量是通过绩效指标来衡量的，以确定投资回报（比如问责制）"；⑤将质量理解为"转变"："将质量视为一个变革的过程，通过学生的学习经验为其增加价值。"其中，学者们较为关注的是从"达到目标的程度"与"绩效指标衡量"的角度对"质量"进行考量。

我国学者对高等教育质量也有许多有益见解。比如，有学者从高等教育的目的性、转化性、超常性、责任性四个方面对高等教育质量的内涵进行解读；学者侯怀银则提出目前关于质量概念的界说主要可以分为10类，包括："模糊质量说""高质量说""内在质量和外部质量统一说""特色质量说""综合质量说""产品质量和服务质量统一说""学术质量说""教学质量说""满足要求说""效率质量说"。同时，也为高等教育质量下定义：是作为一种实践活动的高等教育，"在实现自身功能的过程中对高等教育基本规律的体现程度"。其观点较之以往有很大的突破性，因为这里强调了高等教育实践活动的本质及其规律性。所以，教育领域中的"质量"和企业生产背景下的"质量"有着根本上的区别，在追求卓越的过程中，前者需"以人为本""合乎规律"。

（四）质量文化

当前，国内外学者对于质量文化都有各自独特的见解。杰夫·贝瑞（Geoff Berry）指出，质量文化作为一种整体性观念，致力于将现有的认识、态度、行为、价值和信念转化为一种新范式；唐大光也强调，质量文化以柔性的内控机制来规范和激励全体教职工的质量行为，是随着高校质量管理活动的发展而产生，并经过不断的沉淀与积累而形成的意识形态、行为模式和物质特征的总和。

由此可见，尽管各国学者在质量文化的内涵表述上存有差异，但就关键性问题已经形成了共识。质量文化范畴作为质量管理概念的一种创新和补充，并不是要全盘否定现有的质量管理技术，而是在重视和运用各类测量、评价和提高质量的制度规范、程序过程以及工具手段的同时，也关注和强调个体与群体追求质量中体现出的信念、态度、情感以及能力等文化心理要素。质量文化不仅是一种发展理念、精神文化和团队意识，也是一种行为方式、管理模式和运行机制，二者相互结合，以提升教育水平、推动内涵式发展和增强核心竞争力为目标。它建立在院校共享价值和实践的基础上，并需要在多层次上依靠各种途径共同培育[①]。

### 二、从他律到自律：我国高等教育质量文化的演进逻辑

高校是引领社会前行的文化组织，质量文化作为高校管理的核心要素在高等教育质量保障体系中发挥着重要作用。国内外高校在对质量保障体系效果的反思和改进中发现：高等教育质量保障体系重心在不断下移，相对外部质量保障体系，内部质量保障体系更为有效，相对以学生评价为主要手段的高校内部质量保障体系，培育高校内部自律的质量文化，使师生达到"文化自觉"是最有效的质量保障。从他律到自律，是质量保障体系在效力诉求中的必然走向。从根本上保障和提高教育质量，必须加强高校质量文化建设，提高师生参与质量保障的内生动力，培育自律的高等教育质量文化。这既是学界的共识，也是国家政策文件的主要目标。《普通高等学校本科教育教学审核评估实施方案（2021—2025年）》强调重点检查高校"自觉、自省、自律、自查、自纠"的"五自"的质量文化建设情况；强调在教育教学的不同环节融入质量价值观，使全校师生及质量管理人员共同的质量追求和行为习惯与之相匹配。我国高等教育质量评估工作已步入新发展阶段，重视培育质量文化，强调"文化自觉"。为落实新时代教育评价改革方案，提高审核评估的影响力，梳理我国高等教育质量文化的发展脉络，探索其发展规

---

①李洛加. 研究生教育质量文化建设研究[D]. 太原：山西大学，2023.

律，对加强高校质量文化建设，提升质量改进有效性，具有现实指导意义和参考价值。

（一）高等教育质量文化分析的理论框架

文化是人类精神活动的产物，分为物质文化和精神文化，是一种思维方式、价值观念、生活方式、行为规范。组织文化隐性地存在于组织内部，却对组织发展产生强大的影响力。质量文化是组织文化的重要组成部分，是组织在质量保障过程中的价值认同和行为规范。高等教育质量文化有哪些具体表现，分别在高等教育质量保障中发挥什么作用？哪一种质量文化更适合组织发展？

1.高等教育质量文化的属性和功能

高等教育质量文化是培养单位及教育主管部门在长期的教学与管理实践中，高校师生、质量管理者以及利益相关者自觉形成的对质量的文化心理认同，包括质量观、质量意识、质量目标、道德规范等方面的总和。物质质量文化是高校质量文化的显性部分和外在体现，是构成质量文化的物质基础；制度质量文化是指高校相关的规章制度、管理标准以及评估体系等，对高校师生的质量行为起着一定的约束和激励作用；行为质量文化表现为高校师生在制度规范下的整体行为表现，是制度规范外化的行为表现；精神质量文化是高等教育质量文化的灵魂核心，表现为高校师生在日常的质量活动中所形成的共同的质量标准、质量理念和质量追求等。不同层级的质量文化相辅相成，在物质基础、制度约束的基础上逐渐形成独具特色的精神文化并内化于高校师生的行为中，而精神文化一旦形成，便会逆向推动发挥精神文化的反作用力，纠偏高校师生的整体行为，持续改进高校的规章制度，不断提高高校的整体环境，从而构成一个完整的高校内部质量文化循环改进模式，使人才培养始终与社会发展相适应，与时代进步相匹配。高等教育质量文化是师生关于质量的价值观念和行为规范。质量文化是组织文化的重要组成部分，是一种满足学生发展需求的文化，发挥着持续改进质量的作用。培育内省、自律、改进，以学生为中心的质量文化是高等教育质量保障的有效手段，也是国内外高等教育发展的基本经验。

2.高等教育质量文化中的他律和自律

质量文化的生成和发展体现着高等教育发展的时代特征。根据质量治理中不同主体发挥的作用，可以分为他律的质量文化和自律的质量文化。他律和自律是两种不同的行为准则和调节方式。他律是指受外部规则、权威或其他人的支配和约束来行动的一种方式。高校在他律中主要依靠政府政策驱动、社会期望等外部的压力、指导或规定来决定行为。自律是个体能够自主控制自己的行为，并遵循内心的原则和价值观进行决策。个体根据内在的驱动力和意愿来规范自己的行为，而不是完全依赖于外部的规则和压力。外部的规则和权威可以起到引导和约束个体行为的作用，帮助建立秩序和稳定。过度依赖他律可能会导致个体的自我发展和独立性受限。自律更注重个体内部的价值观和自我管理能力。自律使人们能够自主地思考、决策和行动，以追求个体的目标和价值。自律不仅可以帮助人们更好地应对挑战和困难，还有助于个人成长和自我实现，提高人的责任意识，发挥人的主观能动性，鼓励个体对自己的行为和成果负责。能引导人进行自我监控与持续改进，通过反思和自我反馈，个体能够不断寻求改进，提高自身的质量水平。因此，自律是培养高质量人才和推动组织发展的重要因素。它强调个体内在的自我约束和自我激励能力，使每个成员都能够以高标准和良好的品质要求自己。通过自律，个体能够主动追求卓越、不断改进，并在团队合作中共同努力，形成积极的学术氛围和工作氛围。

3.自律的质量文化是最有效的质量保障

学界对高等教育质量文化从他律到自律已达成基本共识。研究集中于对高等教育质量管理强调外部问责与他律式治理的问题反思，和培育自律质量文化的改进建议。王建华（2008）首先强调了内心认同对质量的正向影响："质量并非通过技术控制手段检查出来的，只有内化于心的质量才是持久的。"宋欣雄（2022）认为高校保障、问责、审计和评估等质量保障举措局限于程序与技术，忽视了人的热情、增进、赋能与追求卓越等生命元素对于质量改进的根本意义。邬大光（2022）认为质量文化需要全校师生及质量管理人员等各方利益相关者从内心深处对质量达成高度一致的认同感和归属感，并外化为行为活动，体现在高等教育的管理和教学实践中，实现"制度约束"到"文化自觉"的转变。韩延明（2022）认为"刚柔并济"的质量文化主要是通过价值约束和制度保障的互补机制，使质量诉求和质量价值观渗透在教育教学的各个环节，将其内化为师生共同的价值追求和自觉行动。郭洪瑞（2020）认为高等教育质量文化包括物质质量文化、制度质量文化、精神质量文化和行为质量文化，并且这四个层次相互促进相互约束，是质量文化具体的"实践层"。冯慧敏（2018）认为质量文化隐性要素对高等教育质量的提升是深层持久的。王姗姗（2015）指出建设高校质量文化的根本目的是提高教育教学质量，培养满足社会发展需求的高质量人才。徐赟（2017）强调高校应该在相互信任和有效沟通的基础上进行质量保障活动，将管理者自上而下地推动与师生自下而上地参与有机结合，共同提升教育质量。别敦荣（2021）认为应该树立以学生为中心的质量核心价值；成立高校质量文化建设的组织体系，构建质量文化共同体；构建内外结合、合作共治的高等教育质量保障体系；建构高质量发展的高等教育体系。赵婷婷（2023）认为认同文化、反思文化、个性文化和信任文化是建设高校质量文化的关键。

文化是管理的最高境界，质量自觉是质量保障的最终目的和有效手段。从他律到自律的转变是高等教育质量管理的必然趋势。在高等教育现代化治理进程中，如何发挥师生的主观能动性，实现高等教育质量保障的内部自觉，培育自律的质量文化，是高等教育高质量发展的基本经验和现实选择。

（二）我国高等教育质量文化的生成和发展

高等教育质量文化随着大学的生成和发展而变化，从新中国成立之初政治特色的高等教育质量文化到问责逻辑的质量文化，到目前以反思改进、信任合作的质量文化，高等教育质量文化对大学发展产生了深刻的影响。基于新中国成立以来高等教育的政策文本，不同时期高等教育理念以及师生的行为方式分析，我国高等教育质量文化发展经历了国家意志培育的政治倾向实用主义质量文化，社会需求驱动的经济导向工具理性质量文化，以人的全面发展为目标的人本理性质量文化。高等教育发展的不同阶段，质量管理主体参与的角色和方式发生了微妙的变化，在质量主体多元化的过程中，外部质量主体参与的角色逐渐弱化，高校内部的自主性逐渐增强。

1.国家意志培育的政治倾向实用主义质量文化

从新中国成立到改革开放前，我国高等教育质量文化主要体现了国家意志，突出表现在其政治经济倾向和实用主义。1949 年，为了培养经济建设急需的专业人才，我国大学进行了院系调整，建立了许多专科院校，以培养"又红又专的社会主义接班人"为目标。当时教育主要强调教育的工具价值，质量目标是培养社会需要的人。1952 年，教育部提出全国高等学校院系调整目标是增强工科院校的培养能力，提高教育质量并改变高校分布不均的情况，设置单科院校，学习苏联经验，建立专业教育模式。这时期高校是政治的附属，大力发展专业教育，忽视学术生态建设和人的全面发展需求，突出了教育的工具价值和社会需求。1961年"高教六十条"指出高校的首要任务是教学活动，必须发挥教师的主导性，不断提高教学质量，培养社会发展所需要的专门人才。1967 年至1977 年，高等教育质量政策以政治为取向，此时国家制度受到不同程度的破坏，我国大学人才质量骤降，教育质量下滑。这一特殊的历史时期，高等教育质量发展的工具价值和政治价值取向明显，质量文化突出了经济建设目标和政治要求。高等教育质量政策更多强调"教育为无产阶级政治服务"和"社会主义觉悟",高等教育质量发展处于革命、建设和破坏的交织之中,质量目标主要突出了教育的工具价值和政治经济倾向,是以政治为中心的实用主义质量文化,这一时期的质量文化强调了教育的社会价值,弱化了教育的人本价值。教育质量保障主要以政府外部问责和规定的他律为主,对高校内部师生的主观能动性和人的个体发展需求关注不足,因此在当时的时代背景下高等教育质量管理以政府政策实施和外部驱动为主,作为高等教育质量参与的主体,师生的主观能动性没有充分发挥,高等教育质量文化表现为以外部管理和控制为主的他律形式。

2.社会需求驱动的经济导向工具理性质量文化

1978年到1998年是我国高等教育的"恢复和重建"阶段。1978年起我国高等教育质量逐渐开始恢复和重建,质量政策从政治价值向经济价值取向转移。改革开放后随着国家工作重心的转移,高等教育质量政策也逐渐由以政治为中心向以经济建设为中心转移,从注重培养"又红又专"的政治人才向为"教育必须面向现代化、面向世界、面向未来,大规模培养能够坚持社会主义方向的各级各类人才"。这些表述都体现了高等教育质量发展过程中确保和提高人才培养质量的重要性,质量政策的制定要以确保人才培养的质量为前提和根本目标。1993年2月颁布的《中国教育改革和发展纲要》体现了高等教育质量政策的经济价值取向,标志着这一阶段我国高等教育质量政策价值取向发生的新变化,高等教育质量政策进入了以经济价值取向为主导的阶段。1998年12月24日国务院转批教育部《面向21世纪教育振兴行动计划》指出:"要提高全民族的素质和创造能力,瞄准国家创新体系的目标,培养造就一批高水平的具有创新能力的人才",将人才培养提升了一个新的高度。这一时期的高等教育质量文化强调了经济建设目标,创新人才培养,为经济社会发展提供人才与智力支撑,为经济建设服务。呈现出明显的工具理性特点,仍然在强调教育的社会价值,但在实现政治经济目标的同时,对素质教育和人的创新能力培养的关注度也在逐渐提高，教育的人本价值逐渐彰显，教育质量保障的主体逐渐从政府向高校过渡，高校办学自主权逐渐扩大，高校在高等教育管理中的自主性逐渐增强，质量保障逐渐从他律向自律过渡。

3.以人的全面发展为目标的人本理性质量文化

1999年到2018年我国高等教育实现跨越式发展，经历了精英化，大众化，普及化三个阶段。1998年12月教育部《面向21世纪教育振兴行动计划》的出台标志着我国高等教育质量的提高更加关注多元化质量标准。在高等教育大众化进程中，高等教育不再局限于"象牙塔"之中，逐渐开始构建多元化质量文化。这一阶段，高等教育质量发展过程中人才培养的质量标准逐渐出现了以人为本的价值取向，高等教育进入以全面提高质量和注重人的发展为中心的新的发展阶段。高等教育质量问题成为当时高等教育发展政策关注的重点。为了保障高等教育质量，我国在2000年之后先后启动了本科教学水平评估、审核评估、学科评估等外部评估，这种政府驱动的外部评估虽然在我国高等教育规范发展的过程中发挥了积极的作用，以强大的动力刺激了高等教育发展和质量提升，但是这种为了应答社会问责而由政府驱动进行的外部评估，却使"问责逻辑"影响了高等教育质量文化。高校利益相关者参与的积极性并没有充分调动，评估的改进功能也没有发挥。外部驱动的评估中采用的简单易测的科研指标成为高校约束和问责教师的主要工具，评估中也强调了学生中心和人本主义，但是却没有发挥高等教育质量参与者学生和教师群体的主动性。2012年，党的十八大报告再次明确了"立德树人"为新时期教育的根本任务。高等教育质量的关注焦点由外而内，强调教育的育人功能和成效，以人民需求为导向，高等教育的质量应该满足人的价值诉求。这反映出"以人为本"的高等教育质量文化，在高等教育质量保障中发挥人的主观能动性，旨在提高利益相关者的自律能力和文化自觉，通过自律的质量文化建设，赋能教师，调动教师参与质量生成的积极性和主动性。

（三）在批判反思中发展从他律到自律的质量文化

建立科学的质量保障体系是国家对高等教育质量管理的政策指导，培育自律的质量文化是高等教育质量保障发展的根本方向。目前，我国已基本形成了相对完善内外协调的质量保障体系，以政府问责、社会评价为主的外部质量保障体系和以高校为主体的内部质量保障体系使我国高等教育在规模增长的同时守住了质量底线，提高了我国高等教育质量。近几年，以"学位点审核评估、学科评估、学术论文抽检"等为主的问责式质量保障到目前为止，在质量管理中只发挥了有限的作用，并未真正有效解决质量问题，实践过程中存在高校内部参与不足，自我管理机制不健全等问题，局限于从技术管理层面去控制质量，忽视了从精神价值层面发挥人的主动性去实现质量自觉，难以形成保障高等教育质量的长效机制。

随着高等教育发展不同阶段质量问题的出现，批判反思和重构始终伴随着我国高等教育质量文化的发展。高等教育质量文化的形成与发展是一个长期的渐进过程，在反思的基础上传承和创新是高等教育质量文化发展的必然规律，实现从工具主义到人本主义的价值回归，从制度问责到文化自觉的路径转向，从教育本体到教育本身的价值追求，建立从他律到自律的质量保障体系，实现高校内部的文化自觉是目前高等教育质量保障的现实选择。因为以外部推动，以技术控制和制度设计为主的质量保障经常被证明是无效的，真正的质量诉求应该源于师生内心，自律的质量文化才是高等教育最有效的质量保障。

1.教育目标从满足社会需求转向促进学生成长发展

新中国成立以来，我国高等教育质量文化经历了以政治为中心的实用主义质量文化和以经济为中心的工具理性质量文化，大力发展专业教育，主要发挥了教育的社会功能，强调了教育的工具价值，对教育个体功能的忽视也导致质量文化的外部强制性，个体的质量诉求和自律没有充分发挥。随着国家经济的发展，我国高等教育质量文化又重新回归教育的人本主义哲学，从20世纪90年代杨叔子院士率先在华中科技大学实践"人文素质教育"到目前学界对大学文理融合学术生态的呼吁，2000年后大学学科类别的增加和综合型大学数量的增加，我国高等教育走出"半人时代"，"教育的目的是育人而非制器"这一质量目标逐渐彰显。从大学生心理健康教育体系的不断完善，到目前高校立德树人教育以及教师课程思政能力的全面普及，说明我国高等教育质量文化正逐渐从社会发展需求转向学生的成长发展需要，以学生的成长发展作为质量目标，将学生的获得感和幸福感作为高等教育质量目标的核心。我国2020年发布的中国教育大会精神和《新时代教育评价改革方案》分别强调了"学生中心"的育人理念，强调对学生立德树人教育效果，学生增值的评价，关注学生学习，学习过程和学习效果，注重赋能学生。人本主义质量文化强调对学生的鼓励和尊重，将学生视为富有生命活力，独特的生命个体，尊重学生的多样性，关注学生的需求，根据学生成长发展的需要提供心理辅导、就业指导等支持。这一质量文化是当下追求人民幸福感和获得感这一社会目标在高等教育质量文化中的集中体现。主要强调师生之间的合作而不是约束，强调课堂教学的师生互动模式，提倡教师鼓励式反馈，让教师坚持课堂干预的无伤害原则，实施低姿态的课堂控制，通过接触、目光交流等手段促进和刺激学生，以使学生形成良性的自我控制，通过让学生知道他们可以获得帮助，营造温暖鼓励性的课堂气氛，提高学生的内驱力和主动性。

2.教育管理从外部问责评估转向自律质量文化培育

我国对高等教育问责式评估从20世纪90年代到目前为止，已进行了近四十年，耗费了巨大的人力物力，仍然没有有效解决中国高等教育的质量问题。低效课堂、学术泡沫等现象依然存在，高校立德树人、心理健康教育效果仍有待提升。以政府驱动、外部评估为主的质量保障模式形成的问责式质量文化并没有得到高等教育质量利益相关者的认同。学校为了应答社会问责，保障科研产出和教学质量，设计了问责导向的规章制度和保障模式，师生经常会在被动的监督问责式评估中经历焦虑而出现内心的抗拒，试图掩盖问题以便得到较好的评估结果而使学校获得更好的声誉和资源支持，甚至出现了高校之间相互重金挖人，学校内部盲目追求学术成果发表的学术功利化现象。面对高等教育的"问责失灵"，学术界从2010年就开始了对我国高等教育质量文化的反思。赵立莹（2009）对本科教学水平评估进行了批判反思，指出其专业化程度低、结果利用不足、改进功能不强等问题，建议从元评估实施、结果合理利用等方面改进。并在2016年提出，后大众化阶段高等教育质量文化应该从问责走向改进，从他律走向自律。张应强（2017）认为高等教育问责失灵的原因在于高校内部未形成质量利益共同体意识，信任的缺失使高校在面对评价活动时产生抗拒、焦虑等不配合心理，利益相关者之间应该从评估问责走向信任合作，在尊重理解的基础上来提高教育教学质量。最有效的质量保障体系，是高校内部自律的质量文化。自律的质量文化来自师生之间的信任和鼓励，只有信任，才会坦诚面对问题，才会在合作中寻求改进的措施。由此看来，建立基于信任、鼓励、旨在改进的质量文化，是培育高校内部自律的质量文化，实现高等教育质量保障从他律到自律的关键。

他律是外部管理主体的政策干预或问责，自律是观念认同后的自觉行动。自律也与他律相互作用，在高等教育发展的不同阶段达到动态平衡是关键，在我国高等教育发展的初期阶段，他律是规范高校发展，保障质量的现实选择。在高等教育现代化治理阶段，需要发挥人的主观能动性，培育自律的质量文化，让个体自觉在外部规则和内在驱动下发挥最佳水平，使质量标准成为人的行为习惯。高等教育质量保障体系是自上而下的顶层设计。质量文化强调观念的变化，属于自下而上的质量价值认同，把质量观念转化为质量行动，质量行动是实现质量目标的关键环节。质量行动来自参与者对组织的信任、忠诚和能力的匹配。对组织的信任是师生自律的动力源泉，信任的质量文化赋能教师内驱力持续提升。因此，自律的质量文化是最有效的质量保障，自律来自高等教育利益相关者之间充分的沟通与合作，在沟通的基础上达成价值认同，在认同和激励中产生信任，在有效及时的评价反馈及合作中改进和提高质量。未来的高等教育质量文化是基于人本主义理念的有效沟通与真诚合作。培育信任、激励、改进的质量文化是实现高等教育现代化治理的关键。高等教育质量保障应该超越质量管理的技术规则和机械程序，转向培育组织内部自律的质量文化，发挥教师、学生等利益相关者的主动性，通过高校内部的文化自觉实现高等教育质量持续改进的发展目标。因为高等教育质量是在人才培养的过程中实现，表现为不同形式的学术绩效和能力发展。有效的质量保障来自师生的质量认同和质量自觉。培育自律的质量文化，使我国高等教育质量保障从他律到自律，提高师生内驱力，是现阶段我国高等教育质量发展的现实需求，也是高等教育质量文化发展的逻辑起点，更是师生在高等教育领域自我实现的发展需求。

# 第三节 民办本科院校质量文化培育的意义

"高质量发展"已经成为新时代我国经济社会发展的关键词。党的二十大报告明确指出，着力推动高质量发展，建设教育强国，是全面建设社会主义现代化的首要任务，是实现中国式现代化的基础工程和重要途径。习近平总书记明确指出："所谓高质量发展，就是能够很好满足人民日益增长的美好生活需要的发展，是体现新发展理念的发展。"教育高质量发展作为新发展理念在教育领域的贯彻与体现，是实现办好人民满意的教育、立德树人根本任务、素质教育战略任务的必由之路，也是推进教育强国建设、中国式教育现代化、中华民族伟大复兴的时代之需。可见，高等教育高质量发展既是新的高等教育理念，也是一种新的发展方式。民办本科院校作为高等教育的重要组成部分，依法规范发展，加强内涵建设，成为新时期民办本科院校推进高质量发展的根本遵循。建设形成鲜明的大学质量文化，是一所高校实现高质量发展，提高人才培养质量的内生动力和根本保障。

### 一、民办本科院校质量文化培育的时代内涵

"引导规范民办教育发展"，是党和国家为新时期民办教育建设发展指明的新方向、新要求。高质量发展背景下，如何准确把握民办高等教育"规范发展"与"高质量发展"，成为民办本科院校质量文化建设的核心内涵和本质要义。

当前，民办教育改革和发展的内外部环境均发生了重大而深刻的变化。党的二十大以来，建设教育强国，加快构建高质量教育体系，助推实现中国式现代化，成为新时期我国教育事业发展的新使命、新要求。与此同时，党和国家对民办教育改革发展也提出了新的政策指引——"引导规范民办教育发展"，成为民办教育实现高质量发展的根本遵循。新时期，实现民办高等教育高质量发展要全面、准确地把握这一时代内涵。

#### （一）依法规范办学是民办本科院校质量文化建设的出发点

纵观我国民办高等教育发展政策演变与走向，无论是民办高等教育政策的发轫期，还是改革开放以来民办高等教育政策的演变进程"积极鼓励—严格控制—加强管理—依法管理"，始终贯彻"依法规范发展"的政策指向。再者，依法办学、规范办学、诚信办学，是坚持正确的办学方向，准确把握民办高等教育发展规律的前提和基础。因此，新时期，民办本科院校要在自觉依法规范办学的基础上，寻求建构内在质量文化的根基。

#### （二）实现高质量发展是民办本科院校质量文化建设的落脚点

当前，我国已进入高等教育普及化时代，实现高等教育高质量发展

的主要矛盾在于，人民群众迫切需求更高质量的高等教育资源与优质高等教育资源严重短缺且地域发展不平衡的现实。由此，着力推动高等教育高质量发展已成为当下我国普通高校从大到强的必然选择。民办本科院校经过我国高等教育政策引导和支持，高校数量和办学规模得到快速增长，一定程度上满足了人民群众对多元高等教育资源的需求。面对新阶段的发展矛盾和社会需求，民办本科院校要转变发展策略，逐步从规模扩张转移到质量提高，将分类特色发展、高质量发展、提升人才培养水平作为最终的落脚点，将稳定办学规模和提高办学质量作为质量文化建设的落脚点。

（三）建立健全民办本科院校内在质量文化体系是提升高等教育质量的重要因素和根本保障

随着民办本科院校规模的持续扩大，民办高等教育人才培养质量直接影响着我国高等教育的整体水平，引导民办本科院校规范办学的同时，督促提升人才培养质量已成为加快构建高等教育高质量发展体系的重要举措。而质量文化是以大学持续改进和提升质量为目标的组织文化，能通过文化内驱力引导和形成利益相关者的发展愿景、共同价值观和信念。从这个角度而言，民办本科院校探索建立健全内在质量文化体系，增强规范办学、内涵发展动力，持续提高办学水平和育人质量，就成为整体提升高等教育质量的重要因素和根本保障。

**二、民办本科院校质量文化培育的必要性**

质量是学校的生命，文化是学校的灵魂。学校的发展是基于质量的育人文化建设，是基于文化的人才培养质量和教育教学工作质量管理。没有文化和质量，学校就失去了实际存在的意义和创新发展的内在动力。然而，当前民办高等教育却面临着教育教学质量和学校文化建设的双重危机，质量和文化的双缺失已经严重影响到民办本科院校的生存和发展。

（一）教育的质量内涵与民办教育的质量危机

质量是教育发展的核心问题。教育质量就是指教育的固有特性满足其顾客要求的程度。满足顾客需求和让顾客满意是教育质量的最终标准。教育的主要顾客是学生和家长，其次才是社会与政府。传统的教育质量观强调教育要符合目标和设定的标准，质量有尽头；现代的教育质量观强调质量是一种永远不能满足的承诺，需要持续改进，不断提高。教育质量正作为一种理念，以文化的形式渗透到学校生活的各个层面。教育的本体是人，教育质量的本质是人的成长、成人与成才，这是教育的根，是教育的本性。作为培养人的活动，教育的质量归根到底是人才培养的质量。因此，我们不能把教育质量仅仅弱化为教学质量，再把教学质量蜕变为考试成绩，落入应试教育的窠臼。

民办本科院校以学养学，以学生学费维持学校运转，多数民办本科院校靠租用校舍办学，少数发展好的学校买地建房办学。由于我国教育体制上的问题，使得民办本科院校在企业与事业单位中无法定位，称之为不伦不类的"民办非企业法人"；使得民办本科院校在寻求政策支持上遇到严重障碍，无法形成有效的现金流，无法保障充足的办学资金。在以学养学的办学体制下，为了积累资金，特别是在建校初期，民办本科院校无一例外地拼命追求招生数量，办学规模一度膨胀，由此带来一系列问题：有条件要上，没条件也要上；降低标准招生源，甚至没有标准，生源质量相对偏低；学校对教育教学投入不足，学生管理和教学改革滞后，校舍条件较差，实训、实验条件和图书资料满足不了学生学习的需求，导致学生的素质修养、理论知识和实践能力很难达到较高水平，教学质量与人们的期望相去甚远；民办教师与公办教师待遇差距大，教师有后顾之忧，发展没有保障，工作不稳定，流动性大，最终导致民办本科院校教学质量普遍较低、社会公信力较差。民办高等教育的质量成为人们关注的话题，社会认为民办本科院校办教育就是为了挣钱。

（二）教育的文化本质与民办教育的文化危机

教育的力量源于文化的作用，教育就是一种文化的传承、交流和升华。教学就是具体的文化活动，是一种文化实践和文化构建。教与学的过程就是在一定文化氛围下的一种文化互动和文化内化，教学质量是这种文化建设的必然结果。学校在质量上的追求实质上是对文化建设的追求，提高教育质量，需要坚守的是一种文化教育思想，具体的对策是文化创新。文化孕育质量，学校质量管理的最高境界是文化管理，质量提升的最佳路径是依靠文化的支撑。

文化是一种行为以及行为背后的价值取向。学校文化是一所学校在长期教育实践中逐步形成的趋于稳定的教育内在与外在的行为及行为背后的教育价值取向。这是一所学校区别于另一所学校的最核心的因素。

民办本科院校内部的短视行为、营利思想和人治机制严重腐蚀教育社会文化事业的公益性目的和人文精神。个别民办本科院校，举办者要赚钱、管理者要挣钱、年轻人要跳槽、学生要工作……民办本科院校的校园能否放下一张平静的书桌？民办本科院校相对简陋的教学条件使整个校园环境文化单调、乏味，粗犷简单的管理、简易冰冷的设备、少量不实用的图书、极少的教化讲座、灌输式的课堂直接导致学校文化和探索精神的匮乏。过度追求企业式或军事化管理，加大了学生对"三点一线"机械式生活的排斥感，民办本科院校的学生缺少自学的能力、独立的品格和批判的精神。民办本科院校建校时间短，文化积淀薄弱，没有形成独特的气质、风貌和底蕴，校训、校风、教风、学风、校容、校貌没有深远地感召学生，毕业生对民办本科院校的认同感普遍较低。

有些民办本科院校化解危机的同时也就走上了就事论事的怪圈，把文化建设与教育教学质量割裂。其实，文化就是化解质量危机之良药，质量是摆脱文化危机之良方[①]。

①梁忠环，张春梅.论民办教育教学质量文化建设[J].现代教育，2012（10）：31-35.

### 三、民办本科院校质量文化培育的意义

在高等教育日益普及化的今天，民办本科院校作为高等教育体系的重要组成部分，其质量文化的培育显得尤为重要。质量文化不仅关乎学校的核心竞争力，更是学校可持续发展的关键因素。因此，深入探究民办本科院校质量文化培育的意义，对于提升学校整体办学水平、促进教育质量的持续改进具有重要的现实意义。

首先，质量文化培育有助于提升民办本科院校的竞争力。随着教育市场的竞争日益激烈，民办本科院校要想在竞争中脱颖而出，就必须不断提升自身的教育质量。而质量文化的培育，正是提升教育质量的关键所在。通过构建以质量为核心的文化氛围，激发全体师生追求卓越的内在动力，从而提升学校的整体竞争力。

其次，质量文化培育有助于促进民办本科院校的内涵式发展。内涵式发展是民办本科院校实现可持续发展的必由之路。通过质量文化的培育，可以引导学校关注内部管理和教育教学的改革与创新，推动学校从规模扩张向内涵提升转变。这不仅有助于提高学校的教育质量，还能为学校的长远发展奠定坚实的基础。

此外，质量文化培育还有助于增强民办本科院校的社会责任感。作为高等教育机构，民办本科院校在培养高素质人才、服务社会发展等方面承担着重要的责任。通过质量文化的培育，可以引导学校更加关注社会需求，积极参与社会服务，提升学校的社会影响力，从而增强学校的社会责任感。

综上所述，民办本科院校质量文化培育的意义在于提升学校的竞争力、促进学校的内涵式发展以及增强学校的社会责任感。因此，民办本科院校应该高度重视质量文化的培育工作，通过构建以质量为核心的文化氛围、加强内部管理和教育教学的改革与创新、积极参与社会服务等途径，不断提升自身的教育质量和社会影响力。只有这样，民办本科院

校才能在激烈的市场竞争中立于不败之地，为社会的繁荣和发展做出更
大的贡献。

# 第二章　大学质量文化内涵解析

在高等教育的广阔天地里，大学质量文化如同一股不竭的动力源泉，推动着教育事业的持续进步与创新。本章将深入剖析大学质量文化的内涵，从历史的长河中探寻其根源，解构其构成要素，揭示其独特特征，并展望其未来发展趋势，以期为构建更加卓越的大学教育体系提供理论支撑与实践指导。

## 第一节　大学质量文化历史回溯

随着高等教育就学人口激增，学生的成分将呈现多种多样的特点，同时还将出现学生对课程的多种多样的要求，继而是对高等教育机构提出各式各样的质量要求，高等教育的快速发展需要有大量的资金支持，资金的大量需求最终会使作为高等教育主要出资方的政府不堪财政重负，使得原先的教育体系和模式出现解体，接着出现更大的分化和分层。

### 一、高等教育大众化背景下，质量问题凸显

谈到高等教育大众化的理论，不能不提及美国高等教育社会学家马

丁·特罗，他于1973年，向OECD组织提交了一篇名为《高等教育从精英向大众转化的问题》的文章，这是对高等教育大众化这一论断的开端，也是被国际所公认的源头。他在这一论文中提到，高等教育是一个从精英向大众转变的过程，并认为这是历史的必然性。书中作者还预测，高等教育不仅会变成一种大众都可以享受的权利，而且将成为一种福利，最后必然实现高等教育的普及化。通过对美国等一些发达国家经验的总结，他按照高等教育的入学率作为标准，归纳出了以下的区分标准：高等教育入学率在15%以下水平的时候，高等教育还是权势阶层或者智力上具有卓越天赋者的特权，应该属于精英式的高等教育；当达到15%以上，一般家庭的子弟也开始进入高等院校，享受高等教育的权利，高等教育就走向大众，即所谓的大众化阶段；当高等教育入学率上升到50%以上时，这时候基本所有的家庭都将把孩子送入高等院校，此时接受高等教育成为一种共识，即使子女不愿意入学，家长也会想方设法让自己的子女去就学。在这种情况下，高等教育开始走向普及化阶段。

从接受高等教育入学比例来衡量高等教育的发展水平是比较科学的，因为用高等教育的就学人口占同龄人口的比例是一个比较综合性的指标，它可以反映高等教育的发展水平，还可以反映社会的公平性程度，包括不同阶层的人员进入大学就学的机会，不同民族的入学机会等方面的内容。

高等教育由精英向大众转变是历史的必然，其间发生的变化有些是被期待的，主要因为在人类社会的进步历程中，大学肩负着培育高素质人才、创新科学技术、传承民族文化、传播先进思想的重任和使命。在高校发展过程当中，它是作为一种功能独特的文化机构，其对于质量追求是没有止境的，而大众化阶段的高速发展，已经远远超出了高等教育当初的预计，在面对大众化趋势时，教育界面临着许多新的挑战。

总之，高等教育的质量问题是进入大众化阶段之后，才成为一个备受关注的议题。精英教育时代的质量问题大多是对其内部质量的提升，当下的质量文化则是更加复杂的要求。我国的高等教育的发展还是沿袭计划经济时代的发展模式，与当今时代发展的要求似乎差距很大。

表2-1 高等教育不同发展阶段的比较

| 高等教育制度阶段 | 精英型 | 大众型 | 普及型 |
|---|---|---|---|
| 入学率 | 15%以内 | 15%—50% | 50%以上 |
| 高等教育机会性质 | 少数人特权 | 相对多数人的权力 | 所有人的义务 |
| 大学入学条件 | 制约的(家庭背景与才能) | 准制约型(某种制度化的资格) | 开放型(个人选择) |
| 高等教育目的 | 人格培育、社会化 | 知识及技能传承 | 提出新颖广泛的经验 |
| 高等教育主要功能 | 塑造精英、统治阶级的精神与信念 | 培育知识专业化的精英及社会的领导者 | 培育能适应社会的全能公民 |
| 学生升学、就学模式 | 高中后直达升学、无中断取得学位 | 高中毕业后非直达车升学、一时性休学 | 入学期延后、成人入学及工读、有工作经验者再入学激增 |
| 高等教育机构特色 | 同质性(大学趋同、专业学校趋同) | 多样性(多水准的高等教育机构及综合性的高等教育机构) | 极度多样化，丧失共通标准，对标准之物产生疑问 |
| 社会与大学的界限 | 明确界限，大学封闭型 | 界限单薄，大学开放 | 界限消失，大学与社会一体化 |

## 二、高等教育质量文化兴起

过去，质量常被看作是奢侈而非必要，质只是量的附属；今天，质却变得十分重要。很明显，旧的高等教育发展方式已经不适合大众化下高等教育质量文化的发展趋势，我国的大众化教育已经进入了重要的阶段，对于高校内部的改革是势在必行之举。改革的着力点首先是高等教育质量。在这一点上，国外的许多大学无疑是走在前端，他们的质量文化的建设可以为我国高校提供很好的借鉴。纵观国外高校的发展，他们也是相互借鉴、学习，同样阶段高校和企业质量文化建设和质量管理思想和理论相互推动，但总的一点，他们借鉴都是以自身国家的文化和学校的文化为主，融合对方的一部分思想理论，建立适合本校发展实际的文化。由此可知，任何一种制度变迁或文化变迁都有其特定的文化路径，不同的文化传统决定着制度或文化变迁的不同路径。因此，培育优秀的质量文化，借鉴他国的企业质量文化理论，就必须了解文化传统深层次的动因。

（一）我国高等教育质量建设中的挑战

高等教育质量文化不同于其他有形的质量文化，它是以一种精神性的抽象形式存在，因为这一特殊的存在形式，高校对于质量文化的建设有些无奈。从理论上看，文化相对于一个组织而言是极其重要的，正如前文所述，高校建设质量文化对于组织而言有巨大的影响力，在高校质量文化建设方面，认为文化可以决定质量，质量则是文化的结晶，文化通过其潜移默化的影响力可以推动整个组织的质量，也才有可能使得组织生产出优秀的产品，或者提供优质的服务。高校质量文化建设的目的就在于为学校树立起品牌，为学校培养出优秀的人才。那么，从这个意义上讲，建设高校质量文化势在必行，是一个一举多得的选择。但在现实的高等教育发展过程中，高等教育质量文化有些虚无缥缈，相对于实实在在地存在着的一些资源与技术，就显得捉襟见肘。尤其是有现存的管理模式、框架放在管理者面前，可以直接加以参考借鉴的时候，文化因素往往是被忽略。

1.高等教育质量与高校管理的工具化趋向

高等教育质量文化相对于那些已经相对成熟的管理体系本身就显得有些势单力薄。高校质量管理进入高校的初衷就是被当成一种工具和技术，ISO9000族标准和"全面质量管理"这些管理方法也不负众望，在高等学校的管理领域产生过很好的效果，但随着时间推移，工具性的质量管理操作只是停留在表面，逐渐地无法满足学校的发展。高等学校的质量管理被作为控制基层员工的一种辅助方法。到了20世纪90年代以后，质量管理又开始被当作高等教育质量。相比于管理具有可操作性强的特点，高等教育质量文化没有固定的标准和实用的操作方法，甚至对于它的定义也是没有一个统一的定论。更何况，质量文化其作用的发挥是潜移默化的，它的成果在短时间内不那么显著，这就必然导致工具化的管理模式在高等教育质量建设当中的弱势地位。

　　大学对于高等教育的发展质量很重视，但大学领导在实施大学管理过程当中，往往容易忽视文化在高等教育管理中的重要作用，既意识不到质量文化可以促进高等教育质量的提高，也看不到质量管理可能会改变大学已有的组织文化。这样的结果往往是：大学质量文化建设沦为"面子"工程，而无法深入组织成员心灵深处。这当然还有一个重要的原因，那就是同高校质量文化的企业"出生"的背景有关，质量文化一词最早是出现在企业质量文化当中的，朱兰首先提出企业质量文化的概念，后来才被引入高等教育领域。受到早期企业全面质量管理实践的影响，高等教育质量管理倾向于一种工具、程序或技术，为了强调其操作的便利，破坏了高等教育质量本应该具有的完整性。偏重于技术操作的高等教育质量管理，对于涉及思想观念和心智模式的问题就显示出比较抵触。长期以来"有种趋势是找一个'系统'，安装之后便能产生质量，并可用获奖显示'质量'的确存在着"。

　　然而伴随着高等教育管理技术的逐渐细化和精确化，与之相配套的监控和评估体系也逐步建立和完善，高等教育质量文化的建设必须给予足够的重视，否则管理技术这把"双刃剑"将会不可避免地伤害到高等教育质量的保障体系，更是对处于危机之中的高等教育质量和质量管理会有沉重的打击。笔者看来，如果只是把质量管理看作是一种用来管理的工具，则很可能把质量文化建设成为一种摆设。正如有学者所指出的那样，"品质文化的培养主要功能是针对学校组织内部的成员，因为组织内部成员的行为模式与价值观若无法与品质与绩效责任做一连结，则组织机构将面临所谓'上有政策、下有对策'的局面"。

　　因此，要想让技术的功用发挥最大化，则需要组织所有成员的共同努力，将组织的目标变成每一位成员的共识与信仰。而高等教育质量文化的建立，也不是一蹴而就的，它需要多方面的共同作用和努力。一则通过高等学校的自身的文化自觉，能够自觉地用组织的共同目标内化。高等学校质量文化具有高度的理性和管理功能，它是在实践的基础上，通过文化的手段，不断总结质量管理经验教训而提出的，并付诸实践的一种高层次文化理论。二是需要相关政策法令的引导与激励，质量文化的建立不是单纯个体努力的结果，需要有政策对其进行保障实施。如果一个组织的计划缺乏有效的政策对其加以适时地引导与控制，那么也很难形成气候。从这个意义上讲，一系列配套的保障措施是对发展高校质量文化的保障。三是文化是需要一个组织内部所有成员所共同营造和维护的，只有通过成员共同的努力，才能让文化在学校扎根。从欧洲一些发达国家的高校领域的质量实践便可得到证实，近年来他们也都在讨论建设高校内部质量文化，得出一个比较一致的看法，即让学校所有的教职员工和各个年级的学生都参与质量问题的讨论当中，"从更广泛的意义上说，质量是'生产'出来的，而非检查出来的，一个真正持久的质量保证应当是学校全体师生员工共同努力的结果。"

总而言之，对于一所大学而言，它如果只是一个拥有先进管理技术的管理机器，而没有把质量文化作为其组织内部所有成员共同追求的质量文化来保障，就不可能形成所有员工对其组织目标的追求。如果没有共同的质量文化作为底蕴，再精细的技术、再高级的行政命令都无法达到管理的初衷，更不用说对于长远的发展。

2.高等教育质量与高校自身的文化传统

传统上高等教育直接与大学相联系，大学又与高深的学问相联系，高深学问又与获得的学术成就相联系，那么学术成就的高低和取得学术成就的多少，就是高等教育是否成功的标志。大学高高在上，是被人仰视的象牙塔，无论是外界对于高等教育的评价，还是从大学自身而言的学术自由和大学自治角度来探讨，大学作为一个历史久远的文化组织，拥有根深蒂固的文化传统，这些传统既是大学组织文化创新的资源，也可能成为一种巨大阻力和包袱。

"强大的组织文化植根于强大的传统；但是，传统虽很重要，它本身却并不能确保一个强大的组织文化。一个组织的文化对它的成功具有重要的影响。组织文化通过规章使每个人知道在这里的做事方式，从而对雇员的行为和工作环境产生积极的影响。"[1]

（二）我国高等教育质量文化面临的挑战

今天，源于企业的质量话语就是对大学文化传统的一种挑战。如果以质量文化作为目标，高等教育质量管理将会成为促进大学组织文化创新的一种动力。如果放弃了质量文化的目标，高等教育质量管理就将会陷入技术性的泥沼难以自拔。正如"为了采用新的战略，学校还应该制定计划来改变机构的文化，每一个机构都有自己的文化……完成这一导向的改变是一项艰巨任务，然而任何机构想要取得成功，这样的改变都至关重要"。而大学作为一个比较保守的文化组织，其组织文化有着鲜明的特色。

1.精英与大众

在我国，高等教育一直被蒙着一层朦胧的面纱，从古代的"学而优则仕"，到"教育改变命运"，精英化的教育一直与个人的前途有着千丝万缕的联系，在高等教育出现之后，几乎把高等教育与精英教育画上了等号，在过去的几十年中，实情也似乎就是如此，高等教育培养了一大批优秀的人才，这些人才在我国许多重要的行业发挥着重要作用。因此人们就对高等教育多了一份期待，然而随着高等教育大众化时代的到来，高等教育质量文化的新要求与传统高等教育期待之间的差异也逐渐扩大，在传统理念中，高等教育是极少部分人的一项特权，因此对高等教育的期望值也很高，而如今却发生了极大的变化。

另外，无论中西方，对于教育都存在着教育公平的争论。中国的高等教育在其精英阶段发挥着社会分层功能，"学而优则仕"，许多学子通过接受高等教育，改变了自己的命运，获得理想职业。但由于历史条件的限制，只有极少比例的人才能享受到高等教育入学的权利，我国高等

---

①吴颖珊.高等教育质量文化建设研究：以浙江工业大学为例[D].杭州：浙江工业大学，2012.

教育的发展不是所有人能够平等享受的权利，而是遵循一项"效率优先兼顾公平"的原则。而要进入高等教育的门槛，需要通过相当激烈的竞争。中国的高考就应运而生，这种选拔性的考试成为了为高等教育挑选"人才"的方式，但这种高考制度在一定程度上也不是完全公平的。现如今，民主成为世界进步不可遏止的推动力。教育界的民主要从普通的中等教育向高等教育推进，让更多的人享受高等教育公平权。同时，我们也看到随着我国经济的发展，对于人才的需要更加迫切，国家也越来越重视人才，高等教育逐渐向更多的人敞开了怀抱，在两者的双重驱动作用下，中国的高等教育开始了从精英型向大众化高等教育的过渡。

在高等教育大众化的过程中，势必伴随着高校的大扩招，这种外生型的发展与传统的高等教育质量发展存在着矛盾和冲突。一方面，大规模的扩招就意味着入学人数上涨，同时对于学生而言其就学机会也不断扩大，同时带来了生源质量的相对下降的影响。传统的高等教育只是给极少一部分人提供机会，它的发展坚持的是少而精的原则，即认为只有在高等教育规模比较小的情况下才可能保障教育的质量。扩招必然导致高等教育质量的下降，这种下降使得大学知识的接受主体所得到的教育质量下降，更深远的影响是，导致学生潜力下降，国家精英人才质量下降。另一方面，高等教育的发展是需要大量的投入，扩招意味着需要有同样几何级数增长的软硬件设施的投入。但在一定时期内，国家财政对高等教育的投入是有一定限制的，高等教育的师资和其他人力资源都是相对稳定的。当投入不能进行相应比例增长的时候，势必使接受高等教育的人均投入下降，这种下降必然导致连锁反应，使每个人接受的高等教育质量下降。

2.大学自治

在很长的一段时间内，大学将大学自治与学术自由信仰作为核心价值。大学之所以被称作"象牙塔"，是学者们坚持的一个理念，即大学的事务应该由学术人员来管理，学术人员也有这个能力来承担此重任，外在人员的干预只会损害学术自由。在当时，学术人员在大学里自由地追求学问、著书立说，一定意义上来说，大学更多的时候是一种精神的象征。《世界高等教育宣言》支持一种观点：大学自治和学术自由是21世纪大学发展的永恒原则，大学自治和学术自由的根基，是当代大学发展的重要组成部分。

但是随着高等教育大众化时代的到来，学校与政府、市场和社会的关系越来越密切，政府对于大学的定位也发生了根本的变化，政府对高等教育投资的加大，同时将高等教育的发展纳入国家战略层面，政府的话语权越来越大，大学以自治和自由作为核心价值观的组织文化面临严峻挑战。

究其原因，主要是欧洲国家建立的质量评估，使得文化与大学已经建立起的以自治和自由为核心的价值体系之间产生了激烈冲突。其中，主要是高校以放弃自己的一部分学术自由的权利来换取更多的资源。尽管国家反复强调要给大学自主权，但是出于体制的制约，大学对于政府不仅在资金上有依赖，甚至其计划、项目都受到政府的影响，政府拥有更多的权力，政府与大学之间仍然是隶属关系，高校就逐渐成为了政府的附属机构，随之而来的便是大学的学者也不再自主，按照权力的意志来修改学术的观点。也因此引发了政府和大学之间的摩擦，两者之间信任不断减少，不信任逐渐增加，这一趋势促使大学和政府合作的成本将迅速提高。在种种制度壁垒的阻隔之下，"随着文化中介的减少，高等教育必然受到影响。独立而富有创造性的学者将会被收入低、士气消沉的职员所取代"。没有文化作为政府和高校的润滑剂，高校便失去了其一直引以为豪的独立性与自主性，这样的大学谈不上创新。

为了挽救颓局，高校质量文化在这样的时候出现在高等教育质量管理领域，同样这一理论是来源于企业质量文化，主要论著包括克劳士比的《零缺点的质量管理》，此书主要针对企业质量管理曾提出质量文化，概括了质量文化的六个组成："了解"——企业文化的关键，在于真正明白企业之所需，并且改变传统的对于质量的认识；"承诺"——表明投入此项工作所需要的方式，企业的管理人员应当以身作则和有坚定的信心，其他人员则需要更新质量的决心；"能力"——完成质量改善工作的方法，每件事都应是自动自发地朝向组织发展的方向；"改正"——确实掌握存在的问题，并追根究底，彻底根绝问题的来源以达到防微杜渐的目的；"沟通"——通过同与组织有关的所有人员接触，使其能够彻底明白自己在改善质量过程中所扮演的角色，并使其能够配合支持质量管理行动；"持续"——对质量改进要持之以恒，不能懈怠。

　　克劳士比所概括的关于企业质量文化构成，同样对于大学也富有启发意义。上文中已经提到过，以大学自治和学术自由为核心的价值体系，便是高等教育所主导的价值体系。大学组织内的成员将这些基本价值观和信仰内化为自身的信仰，以这个共同的标准来维护组织的运行，可以促进大学组织的团结，促进内部成员之间的协调，有利于大学的决策和控制，更加可以提高大学成员之间的合作水平和责任感。

　　在质量的新时代，要维护这样的一种公共目标，促进组织的继续发展，就不得不依赖于大学组织文化的作用。而在这样一个多变的时代，大学组织文化必须不断创新，以培育出新的支持全面质量的组织文化。韦尔奇有句名言，说"如果你想让列车时速再快十公里，只需要加一加马力；而若想使车速增加一倍，你必须要更换铁轨了。资产重组可以一时提高公司的生产力，但若没有文化上的改变，就无法维持高生产力的发展"。这句话用在大学身上也同样合适。在资源充足的前提下，大学如果想要提高自身的质量，只需在源头上控制学生数量，提高其招生标准即可。然而在高等教育大众化的时代，高校扩招趋势高歌猛进，"高、大、全"成为很多大学追求的目标，学校的扩招、升格成了目前的主旋律，部分大学奉行有条件要上，没有条件创造条件也要上的局面。而学校的升级很重要的方面就是用扩大学生数量这一方式实现的。但是今天的现实是，大学面临着资源稀缺的困局，且在一定程度上已经保持了相对稳定性，无法扩展。如此一来，在校生人数越来越多，学校已经达到饱和状态，大学要保持质量抑或要提高质量就必须寻求文化上的改变。

在今天这样一个时代，只有依靠组织文化的创新，才有可能在投入有限的情况下实现高等教育质量的持续改进。这一点历史已经确证，以大学自治与学术自由为主导的价值体系给大学带来了许多好处，比如学术的深度交流、组织的高度自治等。但是今天，大学已经没有能力独自解决高等教育的质量问题。

# 第二节　大学质量文化构成要素

## 一、大学质量文化的内涵

高校质量文化移植于企业质量文化。美国质量管理学家朱兰在其著作《质量控制手册》中提出："质量文化是人们与质量有关的习惯、信念和行为模式，是一种思维的背景。""质量文化"概念首先应用在企业管理领域，使全面质量管理获得了较好的发展，极大地提高了企业的效益。从20世纪90年代起，一些国际质量管理机构就已经开始重视并加强质量文化的研究。美国质量学会（ASQ）提出了质量文化的四个层级，即质量的物质层级、行为层级、制度层级和道德层级，其中道德层级代表着质量文化的核心内容和最高境界，也是质量文化建设的最终目标。随着世界高等教育质量保障运动的兴起和发展，以及高校质量保障制度的逐步完善和质量管理研究的深入，企业的质量文化被引入到高校的质量管理之中，成为高校超越制度建设等技术手段之上的一种新的质量管理形式。

欧洲大学联合会于2002年实施了"质量文化项目"，完成了对40个国家近300所高校的三轮调研，明确界定了"高校质量文化"的内涵，认为，"高校质量文化是大学在教育教学实践过程中以质量为目标的价值认同和履行质量承诺的行为表征的统一；是大学保障教育质量的技术层面的可操作性和文化层面的可认知性的统一；是在大学内、外部利益相关者一致认同的情境下，大学组织的物质层面、制度层面、行为层面、道德层面的内在'质量文化模式'"。

高校质量文化是在长期的教育教学实践中形成的。每一所高校，包括民办高校，在办学实践过程中，总是对教育教学质量有着基本的认识，都在制定相应的教学管理制度和规范，开展相应的教学质量管理工作，因此，高校质量文化的元素是客观存在着的。但是这种质量文化元素常常是"零散的""不系统的""不自觉的"，没有形成一个完备的高校质量文化体系。只有当学校领导及其教职员工高度重视教育教学质量工作，并从学校质量文化建设的全局来考虑质量建设工作，比如学校主要领导亲自发动并组织制定质量愿景、质量战略、质量目标，并付诸实践，建立相应的质量管理组织等，高校的质量文化就会从"不自觉"走向"自觉"。高校质量文化中教学质量文化是其核心组成部分，主要针对如何提高人才培养质量，以充分发挥高校人才培养的首要职能。

**二、大学质量文化的结构**

质量文化可分为制度文化、物质文化、精神文化和行为文化，大学的质量文化按照其结构和特征又可分为制度层、物质层、精神层和行为层，这些层面构筑成了大学质量文化的金字塔，和文化变革的抗性特征相同，都是从物质到精神层面逐渐加强。

（一）物质层

大学质量文化的基础层面就是物质层，主要是质量文化的外在体现和显现部分。例如：大学校园的环境、学校里的建筑风格、校徽校服等方面。在资源和环境中反映出一所大学的行为特征还有思想精神。而质量管理的思想、办学的理念和全体师生的工作作风、价值观和行为准则都需要物质层来体现，并且可以反映出大学对教育质量的追求和重视程度。物质层通常包括两方面含义：一是质量文化的物质部分，即大学质量文化建设对改进和提高教育质量的贡献；二是开展质量文化建设的物质基础，其中包括师资力量、工作环境、各种文化载体等。就影响力的大小而言，与其他层面相比，物质层对文化强度的影响力相对较小。

（二）制度层

制度层是塑造师生员工行为的主要机制，作为质量文化的固化部分，其主要特点是可操作性和系统性。精神层要靠制度层来支撑，同时还需要约束层和行为层的引导，是有效地提高执行力的重要保障措施。主要包含三个方面的内容，即奖励制度、法律法规以及标准化与规范体系。标准化与规范体系有效地为行为结果提供主要的评价体系，实现了质量实践活动的最基本目标，例如大学的质量管理的组织机构、教学质量标准等。对行为模式的激励与导向由奖励制度来体现，如质量的评估、绩效的考核等。质量制度在质量文化方面对全体师生员工提出了具体要求，不仅是大学实现质量目标的重要条件，而且还是师生员工必须遵守的准则，是大学教育质量价值观的落实和体现手段。

（三）行为层

行为层不仅受到物质层的制约，还受到制度层的引导，也是各种规章制度、法律法规在执行力上的集中体现。主要涉及全体师生、校领导利用物质层的因素，在制度层的约束下进行质量教学、质量管理等活动的行为模式。而行为模式主要是指人们有目标、有动机、有特点的日常活动机制、内容以及有规则的行为系列，它是一种行为方式、内容定型化，是员工价值观的外化。行为层，不仅体现在严谨的工作作风上，还体现在遵守法规、不断提高自身、加以改进的原则。

（四）精神层

精神层是质量文化的最核心层，也是质量文化最核心的内容和最高境界，所以精神层是质量文化的精髓所在，是质量文化中最稳定、最有影响力的一个层面，也最能体现出质量文化建设的成果。它主要包括全体教职员工共同的办学理念和对人才培养的质量方针、质量价值观等。精神文化形成后就会处于一种很稳定的状态，所以对于大学的质量文化建设工作来说，精神层是必须要重点加强的内容，它会强化人的质量文化意识。如果一所大学教职员工缺少提高教育质量的主动性，而且没有一个良好的质量管理环境，即使再先进的管理方法也得不到有效的实行。

以上四个层面形成了大学质量文化的一个有机整体，因此，不能单独对其中一项进行评价，而应该用四个层面的综合评价来反映大学质量文化，因为这四个层面是一种相互渗透、相互制约、相互联系的关系，并且有着固定的关联。首先，精神层处在最核心的部分，并且起着引导和决策的作用，精神层的形成是在社会的政治经济、教育改革和发展的大环境下综合作用的结果。国家的教育现状、历史文化、领导者素质等多方面的因素都会对质量文化精神层产生深远影响。而精神层又会与其他三个层面相互适应，是相辅相成的关系，精神层决定着行为层、制度层和物质层的发展水平。其次，制度层是行为层、精神层和物质层的中介，制度层的形成要靠精神层，而精神层又需要制度来集中体现。精神文化层的发展有利于管理层和全体师生员工完善教育理念，以及一系列行为的规范，最终形成一种行为模式，来实现精神层的目标。再次，为实现质量文化的目标，行为层和物质层要靠制度层来引导，从而体现出精神层的内容。大学的管理层和全体师生在实施这些行为准则和规章制度的同时，还会创造出一定的学校环境等，从而形成物质层。精神层对物质层产生的主要是间接影响。最后，制度层直接影响着物质层和行为层，而物质层和行为层是精神层和制度层的集中体现，精神层的影响虽然不是直接的，但起着最终决定性作用。精神层有着一定的隐性特征，要想体现出来就需要一定的载体。制度层、行为层和物质层是精神层的体现和实现方式，而这些层面中，行为层和物质层又更加直观，更加明显。大学质量文化的规模水平、特色和特点也是物质层和行为层的表现形式。大学质量文化的制度层、物质层和行为层不仅表现出精神层，还会很大程度上影响到教职员工的工作情绪、促进质量管理哲学、价值观念和道德规范的进一步发展[①]。

### 三、大学质量文化构成的要素

大学的质量文化以质量价值观为核心、以全体师生和教职员工为主体，客观存在于每一所大学之中。其内容体系包括以下几个方面的内容：

质量价值观。质量价值观作为质量文化组成元素中的核心要素，是全体师生和教职员工对质量问题达成的共识，更是影响大学长远发展的根本。大学中师生员工由于生活背景、知识结构和思维方式上的不同，其质量价值观也必然会有所不同。要想形成大学全体师生和教职员工共同的质量价值观念，并落实到意志和行为上，就要靠科学的管理来实现，通过教育和宣传向教职员工传输科学的质量理念，使全体师生员工接受大学的质量观，并与自己的质量价值观融合。凡教学水平一流的大学有一个共同点，在共同的质量价值观的引导之下，他们都擅长将全体教职员工引导到其自身想象不到的境界，上下团结一心，从而产生前所未有的工作干劲和激情，积极努力地为大学的发展做贡献，这有利于大学质量文化的形成并得以不断传承。

质量管理哲学。凡是一流的大学都会有自己独特的、标志性的和根深蒂固的质量管理哲学，这种哲学指的是大学在日常的教育教学工作和人才培养实践活动中表现出来的世界观和方法论。质量管理哲学由质量意识和质量精神升华而来，支撑着质量的不断改进、创新和提高。质量管理哲学除了包含学校明文规定下的一系列的共同观念之外，还包含了大学全体师生员工通过各种正式和非正式的形式表现出来的独特的精神

---

①姜雪. 大学教育质量文化建设策略研究[D]. 哈尔滨：哈尔滨师范大学，2012.

和行为。

质量伦理道德。质量伦理道德是指大学用以调整与外界的关系、处理内部教职员工间纠纷和规范学生的言行举止的所有道德规范的总和。它是大学质量文化不可缺少的一部分，是影响和决定学校质量管理和建设工作成效的重要的群体规范方式。

质量规章制度。质量规章是建立和实行大学质量文化的基础措施。它通过长期规范和管理大学教育日常教学和管理工作等各个环节，使大学最终形成良好的固定质量行为习惯，最终达到大学预定的质量目标。科学的质量规章制度集中体现了大学师生和教职员工的行为准则和工作中的质量标准，它不仅反映了大学的价值观、管理哲学和伦理道德，同时还反映了其质量管理工作的科学化和民主化达到的程度。

校园风尚。校园风尚指的是大学全体师生员工之间的互动和联系所体现出来的行动规律，体现在大学成员的个人愿望、兴趣爱好，校园的文化传统和习惯，以及校园建筑和环境特色等各个方面。校园风尚是构成大学质量形象的主要部分，而实际上每所大学的关于质量问题的哲学观念、价值观念以及制度措施等都能通过校园风尚而有所体现。

质量文化理论。大学质量文化和其他文化一样，它的形成也离不开相关理论的支撑。质量文化理论包含了校园文化理论和管理文化理论等方面的内容。这些理论经过加工、细化和创新等处理后融入到大学质量文化之中，为大学质量文化的形成提供了理论基础，并影响着大学质量文化不断向着科学化和实用化的方向发展。

此外，人作为大学质量文化的核心，其质量的高低影响着大学质量文化的形成、传递和传承。参与人的质量提高了才是教育教学和人才培养质量得以提高的基础，从而实现大学的办学目标，满足社会需求。大学质量文化的形成需要领导重视和全员参与，以及在此过程中全体师生员工的质量文化素质的不断提高。"创建高等学校质量文化要以人为本，高等学校质量文化的建设实质是人的建设，高等学校应倡导全体师生和教职工以主人翁的姿态发挥积极性、主动性和创造性，积极参与高等学校的决策、管理和各项有益的活动。只有不断提高高等学校领导和教职工的质量文化素质才能实现高等学校长期的发展战略"[1]。

## 四、大学质量文化的形成过程

大学质量文化的形成是一个自觉的过程。一般分为前期准备、中期建设和后期维护三个阶段。

前期的准备工作主要包含了思想准备、理论准备、人员组织准备和规划准备。思想准备是指转变原有落后的质量观，形成正确的新时期的质量观，为建设高效质量文化打下良好的思想基础。理论准备是指要以领导干部为首加强相关理论的学习和教育，学习先进的质量管理经验和质量管理理论，使大学的管理和教学工作更加高效和高质。人员组织准备是指要针对大学质量文化的建设安排专门的人员成立工作小组，制定相关的计划，使大学的质量文化建设工作有条不紊地进行。规划准备是指工作小组要依据本校的实际情况和社会发展需求，制定相适应的战略规划和工作目标，对建设工作进行指导。

中期的建设阶段是大学质量文化具体的实施阶段。这是一个长期的过程，需要通过各种途径，采取各种措施全面推进大学质量文化建设。不仅要加强对师生员工的质量文化宣传和教育，还要严格执行质量管理的各项规章制度，最后还必须不断地收集来自各方面的意见和反馈，完善大学的质量文化。在这一阶段中，以人为本是关键。

后期的维护和拓展也至关重要。在世界知名学府中，优秀的质量文化持续影响着一代又一代的师生的行为和思想。如哈佛大学"课程要适应社会发展需要"的理念和麻省理工学院的"培养学生具有创新精神"的理念。一代又一代的师生员工将这些优秀的精神和文化传承下去，并不断地发扬光大，对大学产生了长久而深远的影响。因此，大学质量文

---

①胡晶晶. 高等教育大众化背景下的高等学校质量文化建设[D]. 西安：西安电子科技大学，2008.

化形成后必须对其加以维护、遵守和传承，才能发挥其真正的作用，并带来巨大的社会效益。同时，与时俱进，不断根据社会和时代的需求对大学质量文化进行创新和拓展也是使大学质量文化发挥长久的作用的必要措施。

### 五、大学质量文化形成的影响因素

质量文化的形成是一个长期的工程，并受到多方面的影响，具有极度的复杂性。总体而言，影响质量文化形成的因素主要有人、环境、管理和时间。

在所有影响大学质量文化建设的因素中，人的因素是指包括学校领导、全体师生和教职工在内的所有人的质量价值观念和相应的行为都对大学质量文化的形成具有巨大的影响。大学的质量文化建设是以人为本的建设，人是大学质量文化形成的关键因素。其中，校领导持有的质量价值观念是最为关键的。由于我国大学特殊的行政体制，学校领导的质量文化理念直接影响甚至决定了学校的质量文化氛围。在大学中，领导除了制定大学的发展政策，确立发展目标之外，还要树立大的质量观，创造一种良好的氛围，让全体师生和教职员工参与到大学的建设和发展中来。同时，作为大学组成的一分子，全体师生和教职员工对待质量问题的态度和行为都对大学质量文化的形成、发展、传播和传承起到重要的作用。校园内每个人的言行举止无时无刻不体现了大学的管理水平和素质的高低，所以务必要全体师生和教职员工都具有参与意识，做到人人关心质量、人人关心大学。因此，只有不断加强面向全体师生员工的质量教育，树立正确的质量观和质量意识，才能对大学的质量文化的形成和建设起到积极的作用。

与任何一种社会文化一样，大学的质量文化的形成也离不开周围相关环境的影响。最初的环境是不利于大学的质量文化的形成的，对大学质量文化的形成起着制约的作用。后来随着社会对于质量问题的不断重视，质量意识不断加强以及种种其他因素，环境因素对大学质量文化的形成的影响由制约变为促进作用。总体而言，影响质量文化形成的环境因素分为外部和内部两个方面。外部环境因素是指整个社会对质量问题的关注程度以及质量文化的发展情况。随着社会经济的发展，质量问题日益凸显，整个社会对质量问题的关注程度也不断加深，从而影响到社会组织实体和人们的质量意识。人们开始更多地关注质量问题，因此企业质量文化应运而生，并被奉为现代企业在竞争中制胜的法宝。同时，受社会和用人单位的影响，人才的质量要求有所变更和提高，质量文化也被应用于高等教育领域，这些都是推进质量文化建设的积极因素。内部环境则是指校园环境。受外部社会环境的影响，为了提高大学的管理质量和人才培养的质量，越来越多的理论和实践被引用在大学内，质量文化的研究和建设也是其中之一。随着大学领导的质量意识和质量文化观念的加强，大学也更加重视质量问题，并形成了良好的质量文化氛围，影响到了校园内的每一位成员，促使其质量意识的提高，并落实到一言一行，促进大学质量文化的形成。

影响大学质量文化形成的管理因素包含了两个方面，分别是管理理论和管理制度，它们是大学质量文化形成的思想基础和实施保障，对大学质量文化的形成具有导向性。其中，管理理论指导管理制度的形成和制定，管理制度是管理理论的具体反映，两者互相影响，缺一不可。由于大学质量文化的形成来源于企业质量文化和科学的质量管理理论，它随着质量管理理论的发展而逐步完善。企业质量文化和管理理论给企业创造了巨大的效益，教育专家和学者在对其进行改造和创新的基础上将其运用到大学的日常管理之中，也同样产生良好的效果。所以，科学的管理理论的指导和支撑，也是影响大学质量文化形成的重要因素。管理制度是在管理理论的基础上保证继续提高教育质量和管理水平，建设优秀的大学质量文化必不可少的措施。管理制度要以科学化和民主化为前提，科学化保证工作效率，民主化则能集思广益从而使管理更加科学。因此，管理制度对提高大学的整体管理水平和教育质量至关重要，直接影响了大学质量文化的形成和执行。在高等教育大众化阶段，开展相应的质量管理改革，制定质量管理的规章制度，对大学质量文化的补充和维护能起到很大的作用。

时间因素更是影响大学质量文化的必然因素，也是最重要的因素。任何观念和文化的形成都不是一朝一夕的，是一个很长的过程。大学质量文化的形成不仅要改变原有的、不合时宜的、旧的质量观念和质量意识，还要创建一套新的、科学的、适应时代和社会需求的大学质量文化。无论是打破旧文化还是创建新文化，都不是短期内可以完成的。所以大学质量文化的建设是一个长期的系统的工程，需要大学将其作为战略目标而做长期的努力。除此之外，大学质量文化形成之后，其实践效果也不是立竿见影的，需要较久的时间才能够显现出来。

# 第三节　大学质量文化特征

## 一、大学质量文化特征

大学质量文化作为文化的一种，必然与其他的文化具有共同的特征，即文化的精神性、文化的社会性、文化的集合性、文化的独特性和一致性等等。这些特征使大学的质量文化得以与大学内其他的现象和活动区别开来。但同时由于质量文化的概念来自企业管理，后来逐渐被引用到高等教育管理领域中，因此大学质量文化作为校园文化的一种，在吸收了企业质量文化的特质之余，还产生了其独有的特征。

（一）大学的质量文化的形成、发展和应用始终以实践为目的

一般的文化都是在长期的实践中慢慢形成的，总是以总结的形式出现，即并不以实践为直接目的。而大学的质量文化则不同，从一开始就带有强烈的目的性。出于指导大学质量管理实践的目的，大学质量文化

本身形成于大学日常的教育教学和管理活动的实践之中，当大学质量文化形成之后，又会继续对实践产生影响和指导的反作用，保证并促进大学质量保障工作的进行。所以，大学质量文化具有强烈的实践性，尤其是强烈的实践目的，它与大学质量管理实践是密不可分的。

（二）大学的质量文化是自觉形成的

一般文化形成于人类长期的生活中，在政治、经济、科技、社会等种种客观因素的影响下，以非自觉的状态形成，并且被人们无意识间认识到。这些文化的形成和被认识到都是非自觉的。而大学的质量文化是在由领导组织，学校师生员工共同参与，以达成大学质量管理目标为目的的过程中形成的。它是以实践为基础、以文化为手段，在实践中不断总结经验而得出的，并反过来应用于实践的一种较高层次的文化理论。

（三）大学的质量文化是一种综合的文化，并且具有整合的功能

大学质量文化是一个复杂的系统，一方面，它涉及和渗透到了高等院校的各个领域和各项工作，并且以大学内的所有成员为主体。大部分教师的共同的价值观、大部分师生共同的教育观念、学校内所有制度的共性特征，所有建筑和自然风景呈现出的办学理念和教育宗旨等等都是质量文化的一部分。同时，质量文化通过其强大的向心力和凝聚力的作用，调整师生教职员工的观念和行为，即通过精神力量的作用，利用群体效应和特殊的环境，在不知不觉和潜移默化的情况下完成情感沟通、思想融和、理想感化和行为示范，使个人认同共同的价值选择取向。

（四）大学的质量文化需要不断调整创新，是一种动态的文化现象

一方面，高等院校教育教学的直接目的是向社会输送需要的人才。但随着社会和科学的飞速发展，一成不变的教育方式和标准不能适应不断变化的社会评价标准，大学也就无法适应社会的需求，终归会被淘汰。为了大学的长期可持续发展，维护其信誉和品牌，大学必须根据时代和社会的发展需求不断调整其质量标准和质量管理办法，形成有利于

大学长期发展的优秀校园文化，以保证大学长远的发展。另一方面，大学质量文化在与大学校园文化的内涵交叉重复的同时，也融入了质量价值观念和质量管理哲学，所以它会随着大学质量保障活动的逐步加深而更加完善，同时也随着大学文化建设的推进而自我升华[①]。

**二、大学质量文化的功能**

大学质量文化是校园文化重要组成部分，是质量管理活动、质量实践活动的精髓，是大学的一种最宝贵的财富，对培养学生的综合素质有着重要作用。大学领导层应该培养良好的人才观、质量观、价值观，这样才能引导和为大学师生指明学习和工作中的方向和政策，提高大学整体的教育文化质量，增强学校的竞争力。体现质量文化建设价值的导向功能、凝聚功能、激励功能、约束功能和辐射功能等都是大学文化建设的重要组成部分。

（一）导向功能

导向功能是把大学的教育质量目标向国际领域中不断地延伸，使其能够与国际接轨，不断创新，能够在当今激烈的竞争中得以发展和壮大。在校园的整体影响和舆论导向下，大学质量文化能够促进教职员工的个人质量观与大学的质量取向趋于一致，增强其质量意识，把实现大学的质量文化建设的提高作为自己人生价值的体现。教师通过提高教学能力，以认真、谦逊的态度去学习研究，保证不断地去完善自我，从而提高大学工作整体质量。

（二）凝聚功能

文化通常具有潜移默化的影响力、凝聚力，让具有共同文化背景、共同目标的人形成共同的文化思想、信仰，并为同一个目的去努力拼搏。质量文化体系中具有一种向心力、吸引力，能够促进体系文化的完善、发展，使大学质量文化能够真正地融入教职工的思想，从而为实现

①龙雯雯. 高等学校质量文化建设策略研究[D]. 武汉：中南民族大学，2012.

大学质量目标、质量观念、质量规范的目标而去实现自身的价值，同时具有协作精神、主人翁精神。在大学质量文化建设迈向一个新的台阶后，社会正确的舆论导向和评判价值也会使教职员工在工作学习中感受到神圣的使命感和责任感，进一步增强其对学校的向心力，并把个人的前途、情感与学校的发展紧密地联系起来，这也是大学校园里最有价值的财富。

（三）约束功能

贯彻国际标准作为质量文化的核心部分，既是一种有形的条文约束，又是一种精神、意识规范。制定一种行为准则，约束师生员工行为，使其从根本上形成一种理念、构造出一种有效的管理体系。发展大学文化质量的建设，不仅有利于学校整体素质的提高，还能通过质量管理指标、质量效益指标、质量技术指标、质量成本核算等约束和指引学校全体师生的行为准则。同时，大学管理层要根据实际需要，切实地制定出符合学校现实生活和学习的实用的规章制度，来提高学校的综合素质，保障学校的社会价值。即使学校的各种规章制度不能面面俱到，但大学质量文化本身所体现的目标，仿佛一张无形的网去规范和制约教职工的行为，以此有效地做好辅助工作。只要按大学质量文化体系运作，那么就会产生积极的效应，达到预期的目标。

（四）激励功能

大学质量文化的核心价值是将教职工的质量价值观转化为质量精神，这样就可以使全校的师生产生强烈的工作责任感和学习的主动意识。大学质量文化激励作用来源于形成的质量激励机制。主要体现在：一是大学质量需要形成一种文化定式，来为大学的教育质量方针、质量目标指明方向；二是大学质量文化所形成的文化氛围使教职员工产生内在的文化心理效应，为满足自我实现的需要而产生自我激励的动因，为大学努力工作和学习。另外，按照马斯洛的需求层次论，人的需求有五个层次，即生理需求、安全需求、社交需求、尊重需求和自我实现需求，他认为人的需求是按先后顺序发展的，已满足的需求不再是激励因素。我国的大学教师已经成为高收入人群，在追寻人生的目标上也能向更高的层次发展，精神的需求和激励作用也会占有越来越重要的地位。

（五）辐射功能

大学质量文化塑造大学形象，是一所大学成功与否的决定因素。一所大学的形象作为质量文化的一个因子，对其他大学有一定影响，它们之间的关系是相辅相成、相互制约、相互推进的。大学是社会大家庭中的小家庭，师生员工是家庭中的成员。大学已经成为为社会所关注的焦点，大学与社会的联系不仅仅局限于大学毕业的优秀人才走入社会为社会做出应有的贡献，还承担着向社会传递优良的先进文化传统的重要责任，对优秀大学质量文化传统的承继和宣传，也让全社会对大学的质量文化方面有更为全面的了解，大学也可以展示其文化质量所带来的效益。从某种意义上说，大学质量文化体现着大学的形象与综合的素质，实质就是全社会对这所大学的质量文化的认可与支持。

# 第四节　大学质量文化发展趋势

## 一、大学质量文化建设的必要性、可能性及意义

在全面提高教育质量，实现高等教育内涵式发展的当下，高等教育质量的产生和发展深深地打上了质量文化的烙印，若隐若现地反映了教育质量文化的轨迹。质量文化在对内产生作用的同时，也在向外进行辐射和传播，良好的质量文化氛围对高等教育质量建设和高等教育内涵式发展提供了基础。因此，教育质量文化之于提升教育质量不无裨益。但是教育质量文化和教育质量保障并非决然对立，相反，二者是同构的关

系。质量文化理念贯穿于质量保障体系的发展过程中，是教育质量保障造就了教育质量文化，教育质量保障不可避及教育质量文化。因此，对大学质量文化建设的探讨既是必要的，又是可能的。

（一）大学质量文化建设的必要性

总体而言，高等教育质量保障中凸显出来的现实问题，教育质量文化理论体系不够完善等成为高校教育质量文化建设的必要性。

1.高等教育质量保障中现实问题的必然选择

就高等教育质量保障机制而言，我国高等教育质量保障机制分为内部质量保障和外部质量保障。高校既是外部质量保障的对象，又是内部质量保障的基本价值主体。受我国高校绩效管理盛行和行政化教育评估色彩浓厚的影响，我国高等教育质量保障尤其是内部质量保障体系存在诸多问题，主要表现在：质量保障目标的外源性、质量保障组织的行政性、质量保障标准的预设性、质量保障效果的滞后性等。

质量保障目标的外源性即我国当下的高等教育内部质量保障缺乏明确的使命与价值引领。我国高等教育质量保障缺乏源自内在需求与发展目标的动力，更多地受到外在动力的牵引和推动。这种外力驱使主要来自政府和社会，更多的是回应政府的质量要求，并非真正面向社会自主办学，这就全然背离了高等教育质量保障之于教师负责、学生负责的初衷价值。

质量保障组织的行政性即管理结构过于集中而失于耦合。造成这种现象的原因大抵在于：其一，我国高校内部管理体制已然难以摆脱我国高等教育管理体制高度集中的影响，其管理重心也很难下移；其二，受高度集中管理体制的长期影响，我国高校院系管理团队势单力薄，缺乏独立意识和创新精神。

质量评估标准的预设性。高校是一学术组织，教师本以学术性、自主性和探索性实现自我发展，学生本以学习性、主动性和创新性力求全面发展。高校教育质量评估本该在"发展"与"规范"的统一中反映评估对象的真实发展水平。但由于受传统主客二分认知思维的影响，我们习惯以预设的评估标准衡量差异性较大的发展对象的质量，以共性要求替代个性发展、以量化指标涵盖质性内涵、以结果替代过程等等，导致无法反映评估对象的真实发展水平，使评估本身的可信度和实效性大打折扣。

质量保障效果的滞后性即质量保障效果乏力。我国高等教育质量保障效果乏力关键在于行为取向表现为形式主义，比如，内部质量保障机制和自评机制不够健全，忽视了质量保障"内功"的锤炼；重视质量保障的结果，缺乏自省与反思精神；不能够用发展的眼光看待质量保障中隐含的真问题，只关注眼前利益和短期目标，缺乏持续改进的动力和动机。

出现上述问题的主要原因就在于忽视高校教育质量文化建设或者说高校教育质量文化建设乏力。因此，我国高等教育质量保障中现实问题的有效解决亟须强化高校教育质量文化建设，教育质量文化是一套共享的价值，其建设是一种集体的责任和担当。

2.教育质量文化理论研究缺陷使然

当前，由于受传统教育质量观、学校管理体制等主客观因素影响，我国高校在教育质量文化建设过程中呈现出狭隘化、形式化、功利化、割裂化等误区和偏差，倘若这些问题在一定范围内长期存在，势必影响高校教育质量文化建设进程①。存在这些问题与我国重视和探讨教育质量文化研究起步较晚有关联，高校教育质量文化研究从一开始就没有自己主导的研究体系和范式，正是由于在研究体系中对一些核心范畴未能加以清晰的界定，研究的边界显得模糊而混乱，使高校学者对其做深入研究遭遇困境。一个重要原因是由于缺乏行之有效的、系统的高校教育质量文化理论体系作引导。譬如，就高校教育质量文化的内涵而言，我们的高校究竟需要什么样的质量文化？确立的质量文化又需要什么样的

---

①罗儒国，王姗姗.高校质量文化建设的误区与出路[J].现代教育管理，2013（10）：30-36.

核心质量观、质量理念，坚持何种质量标准？就高校教育质量文化的现实发展而言，其如何演变和发展，演变规律是什么？在发展中遭遇什么困境？就高校教育质量文化的建构而言，其遵循哪些原则？何以建构，如何建构？

目前学术界对诸如此类问题的探讨还比较缺乏，也难以达成一个理论共识。高校教育质量文化建设同样离不开理论的支持，缺乏理论指导的高校教育质量文化实践必然是盲目的。正如英国教育家卡尔（David Carr）曾指出的："理论通过启发实践者而与实践发生联系；理论的目的在于教导实践者，开拓他们的视野，使他们的活动富有活力，他们从而更深刻地理解他们的思想和实践表面之下的东西。"①因而，切实加强高校质量文化建设理论研究，积极探索高校教育质量文化建设，从而更好地为高校教育质量文化建设提供理论指导和实践范型。

（二）大学质量文化建设的可能性

高等教育质量保障体系建设是一个持续的、动态的建构过程。在这个过程中，它和质量文化交互作用、互动发展。高等教育质量保障，尤其表现在制度方面，对高校教育质量文化的建设给予制度保障，质量文化的生成蕴含于质量保障尤其是内部质量保障的全过程，是高等教育质量保障造就了高校教育质量文化。高校教育质量文化是高等教育质量建设的核心和灵魂。质量文化从根本上决定着高校的生存和发展，是高等教育教育质量的"根"之所在。这就为探讨高校教育质量文化建设提供了可能。

1.教育质量保障是教育质量文化建设的制度保障

高等教育质量保障的制度设计，无疑是高等教育质量文化生成的得力保障。制度的产生是社会进步的有机特性，而文化创新时期特别有利于新生事物的产生。不同的制度选择需要有不同的文化为前提。只有通过文化创新才有可能改变制度变迁的"历史惯性"，"改变制度变迁初始

---

①瞿葆奎.教育与教育学[M].北京：人民教育出版社，1993：567.

条件的一个重要途径就是给制度变迁的初始条件注入新的文化力量，从而改变制度变迁主体的固有观念和思维模式"①。大学文化的根本在于大学人的改造，而大学人的改造之根本就是培养其"主体意识"。主体意识的培养旨在"建立大学人的主体性，以完成大学人之自我解放……使大学人可以挺立心志，自我支撑，而不再屈从于大学人以外的'客体'的主宰和制约"②。

大学之为大学，就在于它在漫长的历史发展中积淀的优秀精神和传统——大学自治、学术自由、教授治学、校长治校。这些优秀的精神和传统恰恰成为今天高等教育质量保障制度的基本内涵，为大学质量文化的发展发挥了重要的保障作用。高等教育质量建设保证了大学的文化地位，维护了大学之所以为大学的优秀传统，从而为高校教育质量文化建设提供了保障。在高等教育质量保障进程中，首要的任务是通过建立健全制度规范，协调大学与外界的价值冲突，维护其知识权威，实施人才培养、教学科研、社会服务和文化发展的职能，保障其作为知识权威的文化地位。一种理想的新型的大学、市场与政府的关系应该是三者之间形成一个"交往共同体"。"大学最终还是要摆脱权力和金钱的诱惑，进行自身的文化再生产，大学在与外部的交往中提高人才培养的质量"③。因此，高等教育质量保障是大学精神培育和大学质量文化传承与创新不可或缺的制度文化和制度支撑。倘若缺乏科学完善的质量制度设计，就很难有稳定的有序的质量保障环境，更谈不上有效的质量文化的培育。

2.教育质量文化是教育质量保障的新理念

"文化是社会文明程度的重要标志，而大学文化则是一所大学发展水平与发展程度的重要标志。建设一所高水平、高质量的大学，不仅需要有大楼和大师，更需要有'大学文化'"。④制度与文化就是硬件和软件

---

① 孙雷.现代大学制度下的大学文化透视[M].北京：光明日报出版社，2010：53.
② 孙雷.现代大学制度下的大学文化透视[M].北京：光明日报出版社，2010：53.
③ 蒋友梅.转型期中国大学组织内部质量文化的生成[J].江苏高教，2010（5）：54-57.
④ 孙雷.现代大学制度下的大学文化透视[M].北京：光明日报出版社，2010：50.

的关系，是肉体和灵魂的关系。制度如果失落了文化，最终只能是空有"躯壳"，而无文化之精髓来引领和驾驭。反之亦然，我们在进行制度之建构时，必须关注它与文化的这种紧密的制约性和关联性。"'名校'成长的历程证明，大学的竞争是文化实力的竞争而不是经济实力的竞争"①。这一特性决定了文化机制是高等教育质量保障的核心竞争力，同时，质量文化赋予其精神和灵魂，是一个不断渗透和影响的过程。质量文化内化到大学人的思想深处，成为其思维和行动的基本指南和日常规范，从而引领大学人形成一种思想和共同目标，推动大学健康发展，成为推动大学发展的精神动力。当然在其背后，也隐含着文化的选择与价值判断。比如，"中世纪大学制度的一项重要价值在于它通过制度的建构彰显了大学独特的批判、追求真理等精神气质，并由此诞生了大学自治与大学自由等文化传统；柏林大学制度的价值关键在于它吸纳了文艺复兴的思想，张扬了自由与理性精神"②。可以说有什么样的大学文化，就有什么样的大学精神与之相适应，否则无异于无本之木、无源之水。我们还可以从高等教育质量保障的作用机制、结构要素和功能价值等方面加深对此的认识。

首先，从质量保障的作用机制来看，高等教育质量保障的实现有赖于内部和外部质量保障体系的有机结合，但一般是"以内为主、以外促内、内外统合"，即把高校作为质量保障的真正主体，用外部主体的要求推动高校采取实际行动，最终通过师生员工的共同努力，实现高等教育质量保障的目标。我们认为在高等教育质量保障尤其在高校内部质量保障中，最为有效且最为根本的是质量文化，它是一种集体智慧和集体努力的结晶。因为高等教育质量保障"只有通过组织高校广大教职员工积极自觉的行动才能取得预期的效果；这种行动只有当质量成为高校全体成员共同信奉的价值，成为高校全体成员的内在追求时，才有可能

---

①李辉.从文化层面审视大学教学与科研职能的和谐[J].现代教育科学，2006（1）：10-12.

②孙雷.现代大学制度下的大学文化透视[M].北京：光明日报出版社，2010：51.

实现"①。

其次，从质量保障的构成要素来看，高等教育质量保障的结构要素分有形要素和无形要素。有形要素包括如规章制度、组织结构、保障程序、物质环境等；无形要素包括如质量标准、质量理念、质量文化等。其中，质量文化决定着整个高等教育质量保障体系的价值取向、保障效果等。长期以来，高校质量保障体系的实现总是依赖于技术而导致质量保障机制难以建立。高等教育质量保障走出技术的藩篱迈向文化的过程实际上就是质量文化的生成过程。事实上，质量文化不同于质量管理，它已从"物"发展到"人"，并从"个体的人"发展到"整体的人"，从简单、片面的人发展到复杂、全面的人的管理；从"个体"发展到整体，着力塑造的是全部的工作质量与形象，是内外结合的利益系统②。"质量保障程序的建构有助于加强质量文化，而质量文化的建构才能为持续的质量保障提供不竭的动力，为质量保障程序的建构与运作赋予深层的价值驱动"③。质量文化才是高等教育质量保障体系建设得以实现的核心竞争力④。

最后，从质量保障的功能价值来看，前已述及，质量文化在质量保障体系建设中具有导向、激励、约束、辐射等功能价值。一是目标导向功能，它对全体师生员工有一种内在的感召力，能够引导全体师生员工把个人的目标和理想拴系在同一个目标上，朝着一个共同的方向努力。二是行为激励功能，质量文化通过潜移默化的方式影响着高校教职员工的教育教学思想和行为，使人们对学校的质量观念、质量方针、质量规范等产生使命感和认同感，产生一种凝聚力和向心力，吸引和激发师生

---

①彭正霞，朱继洲. 英国高校"质量文化"及内部质量保障体系[J]. 高教发展与评估，2006（4）：45-47.

②王建华. 高等教育质量管理的新趋势及我国的选择[J]. 中国高教研究，2008（8）：21-25.

③宋鸿雁. 欧洲高等教育质量文化检查探析[J]. 世界教育信息，2012（11）：30-33.

④张鹏. 高校教育质量文化建设的路径和策略研究[D]. 兰州：西北师范大学，2014.

员工为实现质量目标而努力工作；三是行为约束功能，通过明确质量目标以及制定质量管理规章制度，规范和约束人们的行为和职业道德，形成自觉的约束机制；四是辐射社会功能，"质量文化是社会文化的精髓，通过宣传、交流、展示，发挥优秀的质量文化对社会风尚的积极辐射作用，引导和推动社会文化健康发展"①。

（三）大学质量文化建设的意义

1.大学质量文化是大学全面质量管理的基础与重要组成部分

1972年，联合国教科文组织在《学会生存》中就曾指出："最近的各种实验表明：许多工业体系中的新管理程序，都可以实际应用于教育，不仅在全国范围可以这样做（如监督整个教育体系运行的方式），而且在一个教育机构内部也可以这样做。"随着社会生产力的发展和经济技术的进步，企业的质量管理已进入了全面质量管理阶段。20世纪80年代是世界性关注高等教育质量管理及其研究的年代，欧美一些高校率先将全面质量管理引进了高等教育领域，成为教育领域的一个重要现象。

全面质量管理强调以人为本，强调调动组织内部员工的积极性，使员工们主动参与到质量改进的日常工作中来。教学活动中，教师和学生不仅是参与者，也是管理者，拥有较大的自主权，教学水平取决于教师和学生的创造精神和积极性。以人为本的全面质量管理重视的就是人的作用和人的精神，而大学所涉及一切精神活动及行为的质量文化，正是全面质量管理的思想基础，那么，一所大学质量文化底蕴的深厚与否就成为了全面质量管理是否成功实施的前提和条件。

2.大学质量文化是大学教育质量的重要保障

随着经济技术的不断发展，对人才培养的要求也发生了变化，大学校园里的行为规范、教育观念和质量观念也需要做出相应的调整。目前

①邬智，王德林.加强质量文化建设，完善高等教育质量保障体系[J].华南理工大学学报（社会科学版），2010（2）：80-82.

大学的人才培养目标和模式已经远远不能适应新的发展形势的需要，归根结底是由于很大程度上受到了传统的人才和教育观念的影响束缚，另一方面是竞争和效益的观念在人们心中早已根深蒂固，在观念快速转变的同时也极大地促进了学校的人才培养模式与质量管理的水平。但如果只是为了简单地追求经济利益，一味地急功近利，从而淡化了学校的质量意识，只会使质量文化走入严重误区。所以只有通过健康的、积极的质量文化，才能帮助大学全体人员树立全面科学的教育质量观，引导他们形成质量意识，从而全面提高学校的教学质量。

3.大学质量文化建设有利于大学品牌的塑造

一所大学是不是名牌大学往往取决于这所学校的师资力量、管理水平、科研实力、学科建设水平以及人才培养质量等多方面的因素，其中，"人才培养历来是大学的重要职能，而且其质量如何是衡量一所学校水平的最重要的标志"，如，牛津大学"几个世纪来被认为是英国显赫而有名望人的'养母'"；哈佛大学也是因为"它为美国培养了大批在世界上知名度高的政治家和学者"而闻名于世。纵观世界名牌大学，之所以成为名人的摇篮，在于它们独特的大学质量文化。牛津大学的严格的筛选制度与导师制，培养了不少显赫有名望的人物；哈佛大学则是以其严谨的治学态度和活泼的学术氛围，培养出众多知名学者和政治家。正是这些独特的大学质量文化，塑造着大学自身的形象和品牌。

4.大学质量文化建设对人才培养的质量产生深远影响

不同的大学，有不同的质量文化，一般来说，一所大学的文化底蕴的深厚直接影响其教风、学风、校风，越深厚的文化底蕴就越有利于学生的内化过程，学生的视野就越宽广，才会产生较强的创新能力，才越有利于教学质量的提高。如，素质相当的大学生，在不同的大学过几年大学校园生活后，他们在知识水平、思维方式甚至性格、精神风貌上都会有很大不同，这是因为除了他们自身的差异外，主要原因就是受到了不同质量文化的熏陶①。

## 二、大学质量文化发展趋势

随着全球化和信息化的快速发展，大学质量文化正经历着前所未有的变革。作为高等教育的核心组成部分，大学质量文化不仅关乎学术研究的深度与广度，更直接影响着人才培养的质量和社会发展的方向。因此，深入探讨大学质量文化的发展趋势，对于提升高等教育质量、促进社会进步具有重要意义。

（一）国际化与本土化相结合

随着国际交流的日益频繁，大学质量文化正逐步呈现出国际化与本土化相结合的特点。一方面，大学需要积极引进国际先进的教育理念和教育模式，提高教育质量和国际竞争力；另一方面，大学也需要关注本土文化和社会需求，培养具有本土情怀和国际视野的人才。这种国际化与本土化的有机结合，将有助于推动大学质量文化的创新发展。

（二）多元化与个性化相结合

在现代社会，多元化和个性化已经成为不可逆转的趋势。大学质量文化也需要适应这一趋势，关注学生的多元化需求和个性化发展。通过提供丰富多样的课程选择、灵活多变的教学方式以及个性化的评价体系，大学可以更好地满足学生的需求，促进他们的全面发展。同时，大学也需要尊重和保护学生的个性和差异，为他们提供多样化的成长路径和发展空间。

（三）科研创新与质量保障相结合

科研创新是大学质量文化的重要组成部分。通过加强科研投入、优化科研团队结构、提高科研成果质量等措施，大学可以不断提升科研创新能力，为社会发展做出更大的贡献。同时，大学也需要建立完善的质

①姜雪.大学教育质量文化建设策略研究[D].哈尔滨：哈尔滨师范大学，2012.

量保障体系，确保教育教学的质量和效果。这包括制定科学的教学大纲和课程标准、建立严格的教学质量监控和评价体系、加强师生互动和学习反馈等。通过科研创新与质量保障的有机结合，大学可以不断提升自身的综合实力和社会影响力。

（四）数字化与智能化相结合

随着信息技术和人工智能技术的快速发展，大学质量文化正面临着数字化和智能化的挑战。通过运用信息技术和人工智能技术，大学可以实现教育教学的数字化和智能化转型，提高教育教学的效率和效果。例如，利用大数据分析和人工智能技术，大学可以精准地分析学生的学习需求和兴趣点，为他们提供更加个性化的学习资源和指导；同时，利用虚拟现实和增强现实等技术，大学可以为学生创造更加真实、生动的学习环境，提高他们的学习体验和效果。

综上所述，大学质量文化发展趋势呈现出国际化与本土化相结合、多元化与个性化相结合、科研创新与质量保障相结合以及数字化与智能化相结合等特点。面对这些趋势和挑战，大学需要积极适应和应对，不断提升自身的综合实力和社会影响力，为社会发展做出更大的贡献。

# 第三章　大学质量文化国际比较

在全球教育版图中，不同国家的大学质量文化犹如璀璨的星辰，各自闪耀着独特的光芒。这些文化不仅反映了各自国家的教育理念和历史传承，也深刻影响着全球高等教育的发展方向。本文将从美国、英国、法国、日本以及北欧地区五个维度，深入剖析这些国家大学质量文化的独特魅力与共性特征。

## 第一节　美国大学质量文化

### 一、美国高校内部质量观与"质量文化"

#### （一）发展脉络

美国高等教育是质量保证的开路先锋。从 1636 年哈佛学院成立至今，美国高等教育已走过 380 多个春秋，其质量保证经历从无到有、从简单到恢宏的历程，大致可以分为以下三个阶段。

1.质量保证意识的初步形成

1636年，哈佛学院建立，是为美国历史上第一所高校，标志着美国高等教育走上正式发展的轨道。在接下来的100余年间，美国高等教育一直处于低速发展状态，高校数量少、学生规模小，质量保证似乎是人们茶余饭后的谈资，几乎无人问津。1862年"莫雷尔法案"提出后，政府开始把重心放在资助高校的建立上，以扩大教育规模为主要目的，在很大程度上推动了赠地学院运动的飞速发展，导致短时间内高校数量激增。到1915年，美国就已经有70多所独立设立的院校，标志着美国进入高等教育史上著名的"大学时代"，但此时各校管理水平、规模建设、课程设立、教学水平等参差不齐，众多高校在激烈的竞争中被淘汰，这种局面唤醒了社会公众、媒体机构、家长及学生的高等教育质量意识。由此，在各主体的呼吁下，成立了美国教育理事会（American Council of Education）促进教育行业的品质发展，部分高校也紧跟其后，将注意力聚焦在教育质量保证的工作上。

2.质量保证活动的蓬勃兴起

1926年，美国开展大规模的高等教育评估运动，使高等教育质量进入新的阶段。联邦政府经过不断摸索和规划，明确了高等教育在经济、社会发展、文化层面中不可取代的地位，并将高等教育质量作为一项生计工程来抓。为了加强多元主体与高等教育之间的联系、规范高校建设，美国采取质量认证和大学排名的形式，清扫道路上的障碍，以便加快高等教育革新的进程。1949年，美国成立国家认证委员会（NCA），主要是规范管理各认证机构的行为，同时也是高校的信息传递者，传达相关认证信息。认证委员会按区域划分六个大的区域认证机构，分别是高等教育委员会（HCL）、南部院校协会（SCAS）、西北高校委员会（NWCCU）、西部高校联盟评鉴委员会（WASC ACCJC）、美国中部诸州高等教育委员会（MSCHE）和新英格兰院校协会（NEASA），还包括11个全国专业认证委员会、近70个专业认证委员会。除了采用认证手段以外，美国还借助法律手段来保障高等教育质量保证的有序性，如《高等教育设施法》《高等教育法》。为了进一步推动高等教育发展的品质化、保证高等教育质量施展的专业化和效率最大化，1996年，美国成立高等教育认证委员会（CHEA），这是一个非营利性机构，其宗旨是为社会、高校和政府提供服务，形成社会和家长对高等教育质量的全方位认识。与高等教育认证相伴而生的，还有美国大学排行。1987年，当《美国新闻与世界报道》推出首个大学排行榜，大学排名开始在美国成为质量保证的一个板块。政府聘请专家制定相对公平、相对科学的排名标准，采用以定性与定量的方式进行评价和排名，充分尊重高校的自主权和多样性。目前，《美国新闻与世界报道》中的大学排名成为大家公认的排名参考，该周刊每年都会对各大院校直接进行问卷调查，从而获取最新的一手数据，确保排名的时效性和相对准确性。一方面可以帮助高校进行同类院校的比较和了解，从而促进各类院校的交流和平等竞争；另一方面，有助于高校有针对性地自我改善，扩大高校在社会上的声誉。

3.质量保证机制的日益完善

《2018泰晤士高等教育世界大学排名》显示，世界排名前100名的高校中，美国有44所，足以说明美国在教育领域实力强大，这也与美国质量保证机制实施密不可分。美国高等教育质量形成内部监控和外部认证的机制，政府通过宏观手段，以项目委托和绩效拨款等方式，支持第三方对高校办学进行质量评估，加强对高等教育质量控制。认证机构通过微观手段，以评估指标和各项标准为基准，协助政府对高校进行质量监控，保证高校教育发展的前瞻性。

到目前为止，美国高等教育质量发展越发地成熟与完善，创新机制仍是美国教育质量保证的活力素。2015年11月，美国教育部发布《推进教育认证透明化议程》要求以学生学习成果为出发点，强调认证机构要及时公布评价学生成果的标准和方法，与教育部形成"增质减负"，交流院校信息和减少双方的工作量。在2016年8月出台"创新新合作提升教育质量"（EQUIP）试验项目，形成以支持者赞助、第三方评价、学生参加合作项目的方式，为学生争取政府的鼓励资金，美国政府期望通过新型的教育方式提高学生的学习能力。

（二）特点

1.多元参与，注重全面实施

美国高等教育质量控制采取分权化的管理体制，是以各州高等教育委员会直接管理、联邦政府间接调控的形式进行统筹管理，具有多主体参与的特征。其一，各州的高等教育委员会发挥总体指导的作用，制定相关的教育法律保证教育实施的公平、制定本州的教育目标确定教育发展的方向、下设多个研究机构提供高校相关信息。同时联邦政府发挥服务的功能，给学生提供助学贷款、给学校提供教学资源，为了进一步落实高校信息的整合，给社会、高校提供权威性的数据，为此，联邦政府还成立了联邦教育部（USDE）。其二，高校是美国质量内部治理中的重要参与者，教师的教学水平、学生的学习成果，以及高校的硬件设施都是教育质量的重要考核指标。不同于中国的办学风格，美国高校管理实行董事会制，负责整个高校的平稳运作，董事会的成员发挥自己的决策功能，对学校的整体规划、资金预算等进行合理安排，同时设立教授委员会为教学的质量保驾护航，对教师招聘、课程设置、学生绩效、教学内容等进行安排和制定，践行"教授治学""教授治校"的目标。其三，认证机构在美国高等教育质量保证中起到"考察者"的作用，由高等教育认证委员会（CHEA）和专业认证机构共同开展认证工作，在高校提交自评报告审核后，认证机构进入高校对学校的师资力量、教学水平、学生成果等多项指标进行评估，通过客观公正的评价帮助高校进一步优化，同时为政府拨款提供相关的依据和参考。

2.实时评价，动态监管过程

美国在质量保证中形成以连续跟踪、动态跟踪的横向评价和以多元评估、综合考虑的纵向评价的管理机制。从纵向评价角度看，美国质量评价机制的运行按照实时检测、实时反馈的原则分三个阶段展开：前期在确定高校是否具有评估的资格后，由评估机构进入学校根据评价标准，通过与领导层、教师和学生深入交流，通过学校设施、师资力量、学生成绩等客观对学校整体情况进行评价，形成评价报告，并对学校实时提出整改建议；中期评价根据高校出现的问题进行动态性改进检查；后期对高校整体建设进行评价，保证高校在教育发展中的品质，作为政府提供拨款的依据。从横向评价角度看，美国高等教育质量保证采取高校自评和外部评价相结合的形式促进高校达到"去伪存真"的目的。一方面，高校自评是高校根据规定的指标客观地进行评价并做出相应的一个自评报告，作为机构评价的依据和对比参考。如美国的加州大学伯克利分校，以"真实和公平"为评估的原则，通过15个一级指标，22个二级指标自我评估，赢得公众的认可和支持，展示成绩为主，解决大学与社会之间的信任关系，以具体的数据说服公众，全面展示学校开展的各项工作和社会贡献。另一方面，外部评价是高校面向认证的评价，对整个学校或者某个专业进行评价，一般来说，是为了获得专业的资质认可，但像加州大学伯克利分校这样的世界一流大学，更多的是希望通过自评发现学校的问题，以数据分析学校教育发展的能力，以学生反馈关注教学的实际效果。

3.整合资源，发挥教学主力

资源环境是美国高等教育质量优劣的映射，各种教育协会和高校联合开发教学资源，以此丰富教学内容，相关教育机构部门开发专题网站，通过将相关资源进行编排和归类，将教学与共享融合起来，为教师提供丰富的教学资源，相对于中规中矩的教室教学，网络资源的开发打破了时间和空间的限制，增强学习趣味性，为学生提供多样的学习渠道，提高学生的学习效率。为了发挥资源在高等教育质量保证中的主力作用，社会及政府、高校通过多样化的途径，提供先进的硬件设备创造良好的学习氛围。比如，美国芝加哥大学，将学校的部分资金投入建设阅览室，被誉为最美的大学阅览室，通过环境的创造，提升学习的主动性。不过，这只是物质资源的一个组成部分而已。在信息时代，世界各国都在将信息资源作为高等教育质量保证的主要力量。美国作为信息技术最发达的国家，已将网络信息技术、大数据技术运用到高等教育中。比如，北伊利诺伊州立大学开设网络课程，让处于不同地域的学生接受同等质量的教育，实现资源共享，同时网络课程的设置弥补了教学的时效性，学生可以对不懂的问题反复思考，提高学习的效果。北伊利诺伊州立大学还设立了学生的信息管理系统，教师通过录入的学习成绩和生活状态对学生进行学业监测，学生通过系统来预约与教师谈话的时间，增进师生互动、制定目标，通过双方的衔接，提升学生的学习能力。

4.公开透明，反馈真实结果

美国高等教育的高质量就是追求卓越，所以，对高校的信息数据要求真实性和有效性，1998年，修正过的《高等教育法案》为高等教育质量提供基本的依据。认证机构明确规定，大学必须建立院校数据系统，包括内、外部数据，并要求及时分析数据，将最终的结果纳入规划和决策中。同时要求大学定期进行检讨以确保院校研究功能的有效性以及所产生数据的适用性和实用性，所以，美国多数高校有专门的数据系统，及时更新里面的数据，方便可以从中获取任何认证所需要的数据信息。这种相对全面、规范的数据库对于认证和其他的评估工作具有突出作用：一是保证了数据的真实性，美国的认证数据是通过数据库产生的，这种做法保证了数据的客观、准确，在某种程度上减少或杜绝了数据误差以及人为作假的可能性。美国数据库是动态和累积的，从中可以纵向看到学校的变化，看到学校较之过去5年、10年的改进，最终促进学校的可持续发展。二是与其他同类学校进行对比，"知己知彼"，才能发现自己的问题，并提出改进策略。从这个角度说，因为有很全面的数据，美国的认证结果还是比较可信的。根据认可的机构，将高校外部质量监控和评估结果对外公开，公众可以通过登录相关网站查询或者查看质量保证的文件、学科排名、评估标准、审查报告、评估结果等相关信息，公众可以进行全面的比较。其结果的真实性影响着高校的生源与名誉、政府的拨款与否、社会的认可等①。

## 二、外发内生型教育质量文化

与质量自治为特点的英国高等教育质量保障模式不同，美国高等教育质量保障则以专业组织和民间中介组织主导为特点，其高等教育质量保障模式则是外部认证为主、自我评估为辅，即"以外促内，内外结合"。"高等教育认证机构对高等教育质量进行认证（accreditation）以检查和评估其高等教育质量"。美国高等教育认证机构有院校认证和专业认证，院校认证分两类：一类是属于院校自发组织的认证机构，一类是政府主导的认证机构。院校认证机构主要负责检验院校质量，包括院校如何实现自己的战略规划、如何应对挑战等。政府认证机构主要负责认证院校政策、规划、制度、程序等，属于外部质量评价，大致每十年一次，形似于我国五年一轮的本科教学质量评估。它们在某种程度上与联邦政府有所关联，政府为这些院校认证机构提供正式许可和政策依据。专业认证主要是专业认证组织针对院校的教学和学术项目开展的审计和评估活动。"一些系（不是全部系）在诸如工程、舞蹈、商业、医学领域提供一些专业项目，专业认证组织对院校的这些专业学术项目进行认证"②。伴随质量保障体系的"进化"，如今美国大学形成"外部认证+大学自评估"的质量保障模式。正是这种外部生发的认证和评估活动，形成了美国大学的自评估制度，从而催生了大学的院校研究。院校研究是指"拥有一支强大的科研团队为大学提供准确、及时的研究，确保满足认证报告的需要以及为大学进行科学决策提供智力支持和制度保

①龙雯雯.高等学校质量文化建设策略研究[D].武汉：中南民族大学，2012.
②徐丹.制度与文化的共生：加州大学伯克利分校的教育质量保障之道——与约翰·奥布雷·道格拉斯教授对话[J].大学教育科学，2011（2）：86-90.

障"[①]。比如，"哈佛大学的院校研究办公室负有对大学内部的评估和自评估的责任，同时要接受新英格兰院校协会（The New England Association of Schools and Colleges，简称 NEASC）的认证与再认证"[②]。由此而知，美国高等教育质量保障活动催生了内外相生的"外发内生型"教育质量文化。

外发内生型教育质量文化是从利益相关者的视角来考虑的。利益相关者理论最早见于经济学领域，美国学者弗里曼（Freeman）于 1984 年在其著作《战略管理：一种利益相关者的分析方法》中提出了利益相关者理论，认为利益相关者是指"任何能够影响公司目标的实现，或者是受公司目标实现影响的团体或个人"[③]，它强调各利益相关者之间权利的独立和平等。此理论后来在各领域广为接受。在教育领域，美国学者亨利·罗索夫斯基（Henry Rosovsky）在《美国校园文化——学生、教授、管理》一书中将大学的利益相关者分为四个层次，即最重要的利益相关者、重要的利益相关者、"部分拥有者"的利益相关者、次要的利益相关者[④]。我国学者胡赤弟借鉴罗索夫斯基的观点，将大学利益相关者划分为权威利益相关者（教师、学生、出资者、政府等）、潜在的利益相关者（校友、捐赠者和立法机构）、第三层利益相关者（市民、媒体、企业界、银行等）[⑤]。尽管学界划分标准难以统一，但是文化的重要利益相关者是人，大学文化的重要利益相关者就是大学之人。这个"人"，最为主要的是大学教师和学生及管理者。同时也是高等教育质量保障或高校教育质量文化建设的最为主要的利益相关者。

---

①焦磊. 自评估文化：高等教育质量持续提升的内核[C]. 华东师范大学高等教育研究所，2011-10-18.

②焦磊. 自评估文化：高等教育质量持续提升的内核[C]. 华东师范大学高等教育研究所，2011-10-18.

③黄蓉生. 质量与保障：坚守高等教育生命线[M]. 北京：教育科学出版社，2011：60.

④罗索夫斯基. 美国校园文化——学生、教授、管理[M]. 谢宗仙，周灵芝，马宝兰，译. 济南：山东人民出版社，1996：247.

⑤胡赤弟. 高等教育中的利益相关者分析[J]. 教育研究，2005（3）：38-39.

高等教育质量保障是一个复杂性系统，涉及高校各利益相关者及其积极参与，这里的"参与不是在管理活动中被动地卷入，而是主动地分享管理权。参与指的是个体卷入群体活动的一种状态，既指个体在群体活动中是否在场、是否与其他成员进行互动等外显行为，也包括个体在认知和情感方面卷入和影响群体活动的状态和程度"[①]。积极的高校教育质量文化应该是利益相关者的质量诉求与质量管理的目标、情境、方式、路径、结果在调整与变化中不断创新和生成的过程。因此，如何反映更多利益相关者的质量诉求，调动更多层面利益相关者参与质量提升的积极性，将成为今后提升高等教育内部质量保障最为紧迫的问题。这些深层次问题的解决，有助于生成外发内生型教育质量文化。

**三、美国高校内保障外补充的质量保障体系**

美国高校人才培养的质量保障体系具有内外两个体系，二者虽参与主体、保障形式不同，但相互联系、渗透与补充，共同为美国高校的人才培养保驾护航。

（一）内部质量保障体系的制度运行

1.理念目标是实施各项活动的指引和向导

美国高校多元、自由、开放、创新的教育理念和培养目标在大学使命和价值追求等方面，为美国高校的人才培养质量提供了深层次的保障，使学生能够潜移默化地认可主流价值观，接受自由、创新、优质的本科教育。以美国斯坦福教学中心（The Stanford center for teaching and learning，CTL）的教学理念为例，其课程鼓励学生主动学习以及塑造学生难忘课程的教学理念，无一不显示着美国高校以生为本、温情教学的核心思想，在此类学习氛围下进行人才培养能够起到事半功倍的成效。由此可见，美国高校的理念目标是校内人才培养模式质量保障体系的核心，决定了人才培养的基本标准以及质量保障体系的根本方向。

①朱为鸿.学生参与：我国大学管理创新的动力机制[J].国家教育行政学院学报，2007（11）：22-25.

此外，制定合适贴切的发展理念和育人目标并非一件一蹴而就的事，而是一项系统的、持续的、灵活的大工程，在具体的实施环节，需要进一步地探索和实践。总体而言，积极开发、培育和践行自由、多样、开放、平等的理念目标，强化高校物质文化、精神文化和行为文化，用高校的理念和目标潜移默化地影响学生的思维习惯和价值取向。同时，更需要注意高校的发展理念和育人目标处于不断变化和发展中，需要适时地做出调整、修正，及时做好总结、提炼、创新，从而孕育出更为合适的、良好的高校发展理念和育人目标，从更深层次上影响和培育学生，增强其集体凝聚力、社会责任感和人生使命感，在内部质量保障体系中切实发挥好指引性和向导性的作用。

2.制度安排是校内人才培养质量的有力保障

合理顺畅的制度安排有效确保了美国高校人才培养模式的顺利实施。与国内高校党委领导下的校长负责制有所不同的是，美国高校的内部治理体系由学校董事会、校长、总教务长和评议会共同构成。其中董事会是"总指挥"，掌管学校人才培养的一切事务。校长是"总舵手"，依据董事会的决策，引领学校人才培养的实施。而总教务长和评议会则是各项人才培养计划的有力执行者。三者分工明确、协商对话，严格把关高校人才培养的课程质量、教学模式，共同参与高校人才培养模式的实施。"以评促建"的制度安排也进一步完善了学校内部保障体系，美国的大学较广泛地开展了系和学院层面的学术评估，对校内各学系以及学院等基本学术单位人才培养情况进行整体性的评估，站在学校角度，成为中观层面的校内质量保障体系。此外，高效的师生互动评价制度更是使广大师生通过具体实施、实时反馈、持续改进等，在教学实施方面，自下而上地为高校培养的人才质量提供了可靠的保障，成为微观层面的校内质量保障体系，具体可以划分为学生参与和卓越教师。

学生参与一般由院校研究所承担，美国有一个评价项目叫 NSSE（National survey of student engagement），国内译为"全国大学生学习性投入调查""全国学生参与度调查"等。NSSE 基于大学教育过程，关注大学生就读经验，旨在改进本科院校教育质量，2000 年至今已在美国连续实施了 24 年，已构建出一套"计划—执行—评估—改进"的循环推进模式，在全美高校内外展现出巨大效用和价值。第三方机构的相关调查结果反馈给学校，学校对教学模式、学习效果等进行评估和改进，包括对学生个体学习（即学生产出、调查研究、校友调查、考试成绩、基本技能、就业情况、学习成果等方面）的评估，以及学生对教师的评价，包括核心课程评价、学生评教等针对学术的评估，以及教师资格条件、教师调查、学校氛围调查等针对教师的评估，这是完善内部保障体系的重要方式。内部质量保障体系中学生参与的多元化充分体现了美国高校人才培养中重视人才多元化发展的这一理念目标。在卓越教师方面，美国高校制定了高标准的教师管理制度。帕琉利斯（Paliulis）等提出对人才培养的质量保障是教师学术水平专业化的重要组成，同时也是学校在国际国内市场上良好声誉和保持独特性的基本因素。美国各高校根据本校实际制定关于教师的聘用标准、任职资格、评估机制和一系列促进教师专业发展的方法措施与教师培养培育方案，依靠有效的机制引导，不断提高教师的业务水平，保证美国高校教师总体的较高水平。同时，美国各高校也为教师的发展与提升提供了强有力的资源支持，设有教学实验室、资源发展办公室等，帮助教师革新教育理念，鼓励教师不断提高教学水平和科研水平。

此外，在课程教学方面，明确的教学要求、系统的课堂评估、个性化的教学机制以及现代化的教学技术无不为人才培养质量提供了明晰的经验和可靠的保障。同时，先进、全面的软硬件设施在资源平台上也为美国高校人才培养的质量提供了必要的、不可或缺的支持。华中科技大学的赵炬明教授做过一个名为"美国'以学生为中心'的本科教学改革研究"的系列研究，议题涉及美国高校教学实践与方法、环境与设计、评价与评估、组织与管理等。其第五篇研究指出，美国高校教学质量保障体系是"一条主线、三级管理"，以卡内基·梅隆大学（Carnegie Mellon University，CMU）和北科罗拉多大学（University of Northern Colorado，UNC）两所高校为例，从学校使命到课堂教学，阐明由学校、学院、学系三级，乃至所有教师共同构建教学质量保障体系（Educational quality assurance system，EQAS），并以校内评估和校外评估的方式来强化教学质量保障体系的运行和维护。其第六篇研究介绍了美国高校以促进学生学习为核心的评价理念与形成性评价、评价量表、课堂教学评价方法、真实性学习评价、成果档案袋方法等学习效果评价方法，这些都为美国高校人才培养质量提供了强有力的保障。

3.师生互动是人才培养内部质量保障体系的改革依据

学生是课堂的主体，教师是学生的引路人，起着主导的作用。因此，加强师生之间的联系、互动，增进师生之间的关系和感情，切实发挥学生的主体性作用和教师的引导作用，是完善高校人才培育内部质量保障体系的重要内容，是提升高校人才培育内部质量的必要环节，更是推动高校人才培育内部质量保障工作的有力着眼点和可靠的落脚点。除了制度制定的各参与方，在教学实施方面，广大师生通过具体实施、实时反馈、持续改进等，自下而上为高校培养的人才质量提供了可靠的保障。美国高校制定了高标准的教师管理制度，同时也为教师的发展与提升提供了强有力的资源支持，美国高校都设有教学实验室、资源发展办公室等，帮助教师革新教育理念，鼓励教师不断提高教学水平和科研水平。此外，高效的师生互动评价制度以及规范化的院校自评也有力地保障了美国高校人才培养的质量。不管是从理论的发展角度，还是从实践的落实角度，只有结合好、维系好和发展好师生、学校和社会三方的互动评价制度，才能真正保障好高校人才培养的高质量、高标准和高要求，才能进一步为分析、构建和发展高校人才培养内部保障体系提供改革依据和创新思路。

（二）外部质量保障体系的重要补充

美国高等教育外部质量保障行动始于19世纪末，历经自主发展阶段、联合发展阶段、国家规范阶段和国际化发展阶段，如今已发展得较为成熟，其质量保障组织体系和质量标准等受到别国借鉴和仿效。美国高等教育外部质量保障体系为高校提供政策、专业测评和经费的保障，其参与主体主要有联邦政府、州政府和各财团组织，此外还有社会认证机构和社会媒体力量的监督。它们权责明确、分工合理，多方开展独立监管活动，形成全方位、多交叉的外部质量保障体系框架。美国高校人才培养的外部质量保障主要为高校提供政策、专业测评和经费的保障，其参与主体主要有州政府和各财团组织，此外还有社会认证机构和社会媒体力量的监督。

1.政府部门通过宏观调控进行教育监管

美国宪法规定，除军事院校外，美国联邦政府对各州的高等教育没有直接的管辖权。然而，从20世纪90年代开始，全球化发展日益频繁与深入，各国间高等教育的竞争明显加剧。为了加强对高等教育质量的绩效评估，美国联邦政府以及各州政府，纷纷进行教育立法，并划拨教育经费，保证对各州高等教育依法合理地进行必要指导及管理。通过宏观调控来保障和促进本州的高等教育事业以及人才培养质量的稳步发展和提升。联邦政府主要依靠颁布各级各类法律法规、教育拨款、机构认证等手段，宏观把控与处理各州高等教育存在的问题和困难。各州政府则通过颁布教育特许证和绩效评估等方法对高等教育质量进行统筹管理，审核学校办学资格、颁发教育许可证，以绩效评估为手段，监测和跟踪高校资源的使用情况与教育效果。

2.行会组织通过"多管齐下"保障培养质量

美国高等教育认证制度有悠久的历史，形成了较为完备的认证体系，具有众多社会认证机构。官方的认证机构是所在区域的院校协会，认证过程是提出申请、内部评估、现场调查、作出决策、后期行动以及周期性复评。同时，配合院校协会认证的"院校研究办公室"日常收集和管理学校各类办学信息，对教育质量长期跟踪，以便院校协会认证的开展。与此同时，非官方的教育认证组织对高校、科研院所和相关学科进行检测和评估，通常以同行评审的方式进行。美国高等教育认证委员会（Council for higher education accreditation，CHEA）就是从事高等教育认证工作的非官方组织，承担着对全美高等教育机构进行认证的责任，而不是政府机构对此负责。美国高等教育认证组织大体可分为三个种类：①区域性认证组织，对所管辖区内具有学位授权和非营利性高校进行全面评估；②专业性认证组织，对全美高校已有的学科和专业进行评价认证；③特定性认证组织，通常对那些未取得学位授权和以营利为目的的高校进行评估。高等院校可以同时接受几种不同的认证，评估流程包括资格认定、自我评价、实地调查、初步决策和再次决策等。这些认证机构在美国整个高等教育治理体系以及人才培养中都扮演了非常重要的角色，负责对全美高等教育认证机构进行认证并授予认证资质。一方面，它们能够对高校所设专业进行精准客观、真实、多元的评估，为高校各个专业提供建设性、参考性的意见。另一方面，它们能够有效监测、鉴定高校人才培养的质量和模式。如此两方面，分别在人才培养质量的"输入端"和"输出端"同步实施保障。

近年来，随着高校财政拨款的削减以及学术市场化、资本化的冲击，美国各大高校都积极为持续发展而制定战略与政策。各财团组织，包括企业、基金会等的资金支持无疑为高校的运行、人才培养模式的构建及其质量保障体系的构建提供了巨大的支持和帮助。

3.社会市场通过"排名效应"反馈培养质量

美国社会市场评价能够促进和加强高校人才培养质量保障体系的监督，特别是各大排行榜每年公布的院校排名和学科排名，对高校教育教学水平的反馈、评估、提升与监督起到了十分重要的作用。美国较为知名的大学排行榜有"美国新闻与世界报告""戈门报告"等，它们独立于政府和大学，一定程度上反映了社会需求，具有较好的社会声誉，影响学生和家长的择校意向。美国企业与大学的合作意图，是保障美国人才培养质量保障体系的重要力量。从社会市场的"排名效应"来反映高校教育教学水平，一方面可以直接对高校教学方法和学习效果进行监督和验证；另一方面也可作为政府部门宏观调控和行会组织精准评估的参考依据，为高等教育外部质量保障体系提供有益补充。

（三）内外部的动态平衡，确保质量保障的良性循环

良好的人才培养模式需要高校内部和外部共同努力才能实现，内部机制和外部机制都必不可少。肯尼斯认为，高等教育质量保障体系是一个非常复杂的概念，它涉及各级各类内外部团体的相关利益，它们需要在一定程度上维持平衡。目前，美国重视内外机制的结合，由内部管理开始到外部监控介入，在相对平衡下，外部保障机制就像是一种审查，提供外部对高校的持续支持，也为内部保障机制提供动力；而内部保障机制像是自我审视，通过分析调查进行改革，进一步响应外部保障机制，进而形成一个平衡的良性循环。

在美国高校自主性的人才培养模式的前提下，内外部的平衡是有所侧重的平衡，外部质量保障中政府层面的主要职责是按照国会的意图分配教育的补助拨款以及提供奖学金等，权力十分有限。与此同时，美国相关法律还保障了大学在办学诸多方面的相对独立性，大学可以在不受政府干预的情况下自主制订相关长期发展规划，在教师招聘、管理升职和学科专业开设、学生学位评定方面拥有高度的自主权。在高校研究方面，由政府出资的研究项目，政府无权干预研究过程，对研究结果也不能有相关指令性的要求，给予高等学校研究活动充分的独立性，并保障高等学校拥有聘用学术研究优秀教师的自主权，为内部质量保障打下基础。美国高等学校的自主性与内外的平衡性相互补充、相辅相成，以内部质量保障体系为制度基础和核心、外部质量保障体系为重要补充，共同为实现人才培养质量的提升而发挥作用。

# 第二节　英国大学质量文化

## 一、英国高校内部质量观与"质量文化"

英国高等教育机构对质量的关注由来已久，可以追溯到1832年杜伦大学（University of Durham）建立伊始。当时，它从牛津聘请人员对学校进行考察和评分。后来，在大学的发展过程中，这种做法逐步流行，成为大学间互相评估的一种方式。这种方式被看作是一种内部的质量保障方式。虽然近些年来随着高等教育质量保证署（Quality Assurance Agency，QAA）的建立，外部质量保障体系发挥的作用日益增大，但英国高等教育质量保障体系的主要特征仍是以内部质量保障为主、内外相结合。随着英国高校规模的不断扩张，加之政府对高等教育经费投入正逐年减少，各个高校对政府财政拨款的竞争就显得日趋激烈。因此，通过提供高质量的教育服务来提升自身声誉，赢取政府和社会的认可，从而获得更多发展资源成为英国高校发展的必然选择。经过近十年的发展，英国高校逐渐形成了根据自身发展定位构建适合自己的内部质量观的发展特色，这也是英国拥有众多高质量、高声誉大学的"法宝"之一。

其中，QAA在2002年的评估中提出的"质量文化"理念非常值得我们借鉴。该理念认为高等教育的质量保障是院校自己的责任，而高校保证教育质量的所有努力，只有内化为高校广大员工积极自觉的行动才能取得预期的效果；这种行为只有当质量成为高校全体成员共同信奉的价值，成为高校全体成员的内在追求时，才有可能实现。因此，将高等教育质量保障的责任落实到院校自身，最重要的问题就是要认识到高等教育质量保障的根本是要发挥高校各个部门尤其是广大教师的自觉性。自"质量文化"理念提出以来，伦敦大学就结合自身定位和办学特色形成了独特的内部质量观和质量文化，其发展经验尤其值得我们借鉴[1]。

## 二、内生型教育质量文化

英国高等教育质量保障在传统上强调大学自主自觉、自我管理和自我负责。其质量保障体系经历了从质量自治为主到强化外部干预再到以质量自治和外部干预有机结合的演进历程[2]。正如伦敦大学教育学院罗纳德·巴尼特教授（Ronald Barnet）所言，"英国高等教育质量保证机制走过一段弯路，经历了大学自己负责教学质量、到外部评估教学质量、又回到原来的出发点——学校自己负责教学质量这样一个循环过程。这个过程用了20年的时间，这是一个教训"[3]。近年来，尽管英国大学教育质量也被质疑，遭遇政府和社会的过度干预，但是"高等教育质量保障署"（Quality Assurance Agency，简称QAA）在吸纳来自院校和社会质疑的基础上，于2002年以"院校审计"取代"院校评估"，将高等教育质量保障视为高等院校自身的学术事务，教师、学生以及院校管理者应该是高等教育质量保障的责任担当者，真正意义上的高等教育质量保障在于建立一个成熟的、成型的主动自我规范、力行学术自治、立足学术自由的学术共同体。同时在评估中提出了"质量文化"理念。该理念认为"高等教育质量保障是院校自己的责任，而高校保证教育质量的所有努力，只有内化为高校广大员工积极自觉的行动才能取得预期的效果；

---

①龙雯雯. 高等学校质量文化建设策略研究[D]. 武汉：中南民族大学，2012.

②莫甲凤. 大学自治模式的英国高等教育质量保障体系：特点与启示[J]. 中国高教研究，2012（4）：36-40.

③金顶兵. 英国高等教育评估与质量保障机制：经验与启示[J]. 教育研究，2005（1）：76-81.

这种行为只有当质量成为高校全体成员共同信奉的价值，成为高校全体成员的内在追求时，才有可能实现"[①]。剑桥大学理事会明确指出"大学质量保证应首先与大学的教学、学习、评估活动相称，而不是被外部质量管理体制所驱使"[②]。教学是高等教育质量的重要一环，人才培养质量的评判更多地指向教学，坚持以学生为主体、以教学为中心是高等教育的核心使命之一，也是高等教育质量保障的真谛。在此理念指引下，"教与学质量保障程序旨在反映大学的使命、大学作为学者共同体的特性以及大学委托给各院系发展、监督自身质量保障程序的责任，确保学术人员与学生在支持性、参与性的大学环境内是高效的"。伦敦大学学院（University College London，简称 UCL）作为英国继牛津、剑桥后的第三所大学，是英国历史上最悠久的大学之一，在提升教育品质和发展教育个性以及保障教育质量过程中形成了自己独特的质量文化。其教育质量保障的实践表明："过于频繁的外部评估和过于刚性的外部行政管理只能对大学质量文化建设以及大学自主发展造成伤害，无益于大学教育质量的稳步提升。因此，将高等教育质量保障的责任落实到院校自身，最重要的问题就是要认识到高等教育质量保障的根本是要发挥高校各个部门尤其是广大教师的自觉性。当质量成为大学文化的一部分，成为教师、学生、行政人员的追求和信念时，高校的质量自然就得到了最有效的保障与提升。"[③]由此可见，质量自治是英国大学高质量教育的经验，同时是"内生型"教育质量文化培育和生成的印证。

内生型质量文化就是基建于以内为主的个体的自反性和组织的自组织。从质量文化的个体层面看，积极的质量文化应当具备自反性特征。德国社会学家安东尼·吉登斯（Anthony Giddens）和英国社会学家乌尔

---

①张珊珊. 英国高校质量文化与内部质量保障机制研究——以伦敦大学学院（UCL）为例[J]. 教育与考试，2013（1）：83-86.

②焦磊. 自评估文化：高等教育质量持续提升的内核[C]. 华东师范大学高等教育研究所，2011-10-18.

③王保星. 质量文化与学生参与：新世纪十年英国大学教育质量保障的新思维[J]. 杭州师范大学学报（社会科学版），2012（1）：118-123.

里希·贝克（Ulrich Beck）认为"自反性"具有反身性、实在性、发展性和分叉性等特点①。一言以蔽之，自反性指大学不依赖外部力量，以具体问题为切入点，对自身质量行为进行反思与监控、修正与改进，自主地、自觉地致力于提升教育质量。从质量文化的组织层面看，积极的质量文化应当具备自组织特征。"自组织是负责系统的一种能力，它使得系统可以自发地、适应性地发展或改变其内部结构，以更好地应付或处理他们的环境"②。有研究表明：一个组织的质量文化越卓越，组织的效率就越高③。这种个体的自反性和组织的自组织同构了高校内生型教育质量文化自觉自信的全部。

## 三、英国高校内部质量保障体系

### （一）英国高校内部质量保障体系的组织机构

在英国，学校最高层的校董会和校领导对教与学的质量和标准承担最终责任。但具体的教育质量控制和审核过程，是由各种委员会，如学术委员会、常务学术委员会、学位授予委员会、科研委员会、教与学委员会、院务委员会和研究委员会（Boards of Studies）承担相应的责任。以英国的卡迪夫大学（Cardiff University）为例，最高层的学校董事会对教育质量和标准负最终责任。大学的学术委员会主要与教师教学、学生学习和评估相关，是正式的教育质量保障的主要机构。其下设有教学委员会、学位授予委员会、教学服务等其他各种控制教育质量的委员会。另外，在院、系和研究所层次上，同样有相应的院务委员会、教学委员会、教师和学生代表小组和教育发展小组等委员会，保障相应的教学质量和标准问题。整个高校内部的质量保障过程在行政管理的协助下进行，学校指定一位副校长助理级别的高级管理人员负责，贯彻执行上述

---

①王能东."自反性现代性"理论述评[J]. 国外理论动态，2009（7）：99.

②黄蓉生. 质量与保障：坚守高等教育生命线[M]. 北京：教育科学出版社，2011：61.

③格里纳. 质量策划与分析[M]. 北京：中国人民大学出版社，2006：205.

各委员会做出的决定，并由一位质量保证主任及其属下的管理人员协助工作。

（二）英国高校内部质量保障的主要内容

对学校组织结构的审核。其中包括：学院或学校性组织机构的审核；对管理部门或组织的审核；对服务性组织机构的审核。

对课程、程序和方案的审核。一般分：周期性的审核（3～6年1次）；每年的审核；专业和模块的审核（其程序也可以当作是学院审核的一部分）。

对质量保障政策、程序和质量管理实践的审核。其中包括：①对教学物质激励的准确性的审核。②对入学政策、程序、指导及信息提供的准确性的审核。③对学科专业的批准、审查和评估的审核。④对所进行教学评估的审核。⑤对学生评估程序的审核。⑥对学生手册的执行、教师任命、培训及激励的审核。⑦对合作性工作安排的审核。⑧对研究生的培训及监督评估的审核。⑨对向学生所提供的服务的审核。⑩对于委屈与不满的诉求程序的审核。⑪对于外部检查人员的任命与利用的审核。⑫对于远程教育情况的审核。

对学生学习情况审核。主要是通过对学生反馈的情况及学生某专业学习情况的审核。

英国高校内部的整个审核过程并不会相互矛盾，有的审核活动可以相互相关。内部质量的保障通过周期性的观念来加强，在有些领域通过重复的测试来实现。许多采用内部质量保障机制的大学组织已制定滚动的程序对学术活动进行周期性审核，有的时间延伸至8年，一般通常只是1年或1年多时间。基于询问的审核通常将几个不同的审核过程相结合。

（三）英国高校内部质量保障采用的主要方法

英国高校的内部质量保证机制在专业的规划、审批、监控和审查等各个重要环节上把住质量关和标准关，以确保所设置的专业和所授予的学位的质量与标准。

监控（Monitoring）：主要着眼于专业是否有效地达到预期的目标，学生的学习成果（learning outcomes）是否有效地达到设定的要求。监控一般在学年末，由专业所在学院主持进行，其中包括专业小组（programme team）对本身工作的年度考评（appraising）。有的学校对学院的审核基于以下问题框架：①学院试图实现的目标是什么？即审查与大学目标相关的学院所制定目标的有效性、广泛性，另外还有学生、雇主及其他客户群已认识到的需要。②学院如何实现目标？即审查学院是否具有适当的质量保障体系或结构、质量保障过程与程序是否健全以及角色与责任的分配情况和实现既定目标的资源供给情况。③学院是否成功实现所制定的目标？即是对学院相应的自我监督和评估的规章制度的审核，以及在实现其目标时效率情况的审核。④学院能够提升它的能力吗？它是对学院进行提升的必要性和机会的鉴定。

另外，监控往往还涉及校外督察员的督察报告，教职员和学生的反馈意见、授权专业机构的报告、往届毕业生及其雇主的意见等。监控的结果可能导致对课程或对学生评分做出调整，以实现学校质量保障的持续有效。

周期审查（Periodic review）：由学校主持进行的周期性审查，通常每5年进行1次，学校会聘请校外专家参加。审查中要查看学校为各专业设定的培养目标和学习产出是否已达到既定的目标和仍然适当。为此，审查常常要考虑几个方面的内容：①作为常规监控，考察长期以来针对课程设计和实行的各种变革的实际累积效果。②有关本学科目前的研究、应用的实际情况，以及技术进展状况。③外部参照点的变化，诸如资格框架、学科标准、或专门机构的要求有所改变等。④学生要求、雇主期望以及就业机会的变化等。⑤对高等学校提供给学生的各项特色服务的周期性的审查。

校外督察员（external examiner）和学术审查员（academic reviewer）的审核：校外督察员和学术审查员都是学术专家，来自其他学校，或来自相关领域的专门人士。在英国校外督察是对于学术标准的一项重要保证。每一所学校都聘请若干校外督察员，校外督察员的主要任务是对大学的学生是否达到学校的学业标准进行动态的评估，检查学校在给予学生成绩和学位时是否依据学校订立的标准，对学生的评价是否有效和公平。学术审查员是每隔6年对大学整体进行审查，看大学的办学标准是否保持在合适的水平。两者都是对院校的办学标准和运行过程的评价，不涉及对具体学生的评价。

（四）英国高校内部质量保障的目的

英国高校内部的质量保障体系不是外界需要所强加的，而是大学根据自身需要形成的。主要有以下特点：①它是自我审核和评估。②它是基于以下最基本的问题框架进行评估：你在做什么？为什么你要做这些？你所做的这一切是否满足希望？如何才能提高你所做的一切？③它所关注的是检查和调整以使期望能被系统的实现。④它包括重复性（周期性）的检查，以确保希望能继续被满足。⑤它包括对信息的阐述。英国高校内部质量保障体系作为高等教育系统中许多自评过程之一，它并不直接评估（通过同行评价）教育质量或服务的质量（就像质量评估试图所做的一样）。其主要目的在于以下两个方面：

其一，评估学术行为的适应性和质量与保障所有学生的学习条件。英国高校实行内部质量保障既是保证责任也是为了提升机能。为了提升职能性功能，质量保障提供了一种独立性的机制，以检验和查证保障和提升教育质量与标准，有适当和有效的机构设置的安排和相应的责任。另外，通过帮助大学组织，在实践活动和程序中更好地认识大学本身，明确大学自己的优势与缺点，以履行对质量保障强化的功能。

英国的标准协会将质量系统定义为"系统性的和自我的检查，以确定质量活动和相关的结果是否与计划性的安排相一致，以确定这些安排是否有效地执行及与活动的目标相适应"，但是其没有给出高校内部质量保障的双重功能，即在高等教育系统中，内部质量保障体系充分承担对质量保障过程的灵敏性、准确性反馈的独立检查、审查质量及标准以及方法的效率性，从而可以确定质量提高的范围以及通过激励性的自我评论来继续专业性发展的领域。

其二，评估学校的质量保障机制的效率。英国高校进行内部质量保障可以对质量保障和质量控制系统和程序的有效性进行评估，以确保学校／学院／服务部门适时地对其工作的质量和标准负有责任；提升学校对于优先问题和有益决策制定的能力；使大学更好地回应对于外部质量审核和质量评估的期望和需要。同时，高校内部质量保障行为对于重构质量保障体系和组织结构，保持和提升保障机制的效率有很大帮助，其表现是：①可以减少传统的质量保障体系的科层体制，使质量保障体系更有效运行。②可以增加对规划性改进和发展性意见的关注和重视，而不是单纯对责任性目的监督。③可以使教职员和学院组织机构更有效地支持质量保障政策的实行。另外，英国高校的内部质量保障体系在学校迎接外部质量评估方面做了一定的准备工作。

# 第三节　法国大学质量文化

## 一、法国高等教育体系的特点及优势

### （一）教育形式多元化，兼顾公平与效率

法国的高等教育机构主要分三类：进行大学普通教育的公立大学；进行高等专业教育的"大学校"；进行短期特殊职业教育的机构高等工程院校和高等职业学校。每种高等教育机构的人才培养模式、课程、专业、师资结构等都体现其多元化，为社会培养多元化的人才。另外，法

国在招生面试选拔方面都有严格的制度，这三种教育形式之间紧密衔接、互相沟通、互相补充，使法国的高等教育更加健全，学生可以根据自身发展方向选择相应的专业领域，学有所成，也满足了社会经济对多元化人才的需求。

（二）预科教育精英化，培养高层次人才

在法国的高中阶段，施行预科教育，也就是高中学生在高中会考后可以直接进入综合大学学习，这种预科教育的设立，是为了培养高水平的专业人才，通过预科教育，教师对学生进行指导，充分了解学生的学习情况，帮助学生规划未来，清晰自己的定位，选择正确的发展方向。然后严格选拔出具有扎实知识基础的学生进入大学学习，然后进行精英教育，再培养出高管理能力和人文素养的人才来满足社会和行业发展的需求。

（三）注重数理、人文素养等教育，保证学生全方位发展

法国高等教育中注重学生各方面的教育，其理论知识和能力的教育，培养学生良好的数理基础和逻辑思维能力，为以后的专业学习奠定扎实基础；其人文素养的教育，帮助学生塑造良好的人格；还注重对学生社会责任感和家国情怀的培养，比如在学校的环境上体现这种国家精神的画报等，学习大无畏、不怕牺牲的爱国精神。通过这种各方面的培养教育，保证学生全方面发展。

（四）教育与实践相结合，企业与学校共同参与人才培养

法国高等教育重视教学与实践相结合，让学生学以致用。在教学大纲的设置中，学校会邀请企业员工来学校授课，增加学生的企业知识。学生有大部分的时间到对口企业进行实习，培养学生的团队精神、领导力以及组织协调能力等，让学生拥有企业工作经历，为就业做准备。

（五）注重国际化教育，提升核心竞争力

随着经济的全球化发展，教育国际化浪潮的出现，法国的高等教育也与时俱进，注重国际化教育，建立"欧洲高等教育共同体"，吸引各国的优秀人才，建立国际化的高校环境，培养学生的创新能力，在多文化环境中的交流能力，团队管理能力。尤其是法国的工程学院，为培养科学、技术与管理为一体的综合型人才加大了国际化的步伐，鼓励学生去海外交流学习，借鉴各国的高等教育经验，积极整合教育资源，提升高等教育的国际化竞争力，振兴法国的高等教育[①]。

**二、法国高等教育质量保障体系的特点**

法国拥有高等教育评估制度、教育督导制度等这些完善的高等教育质量保障体系和机构。对全国的高等教育进行评估、督导等工作，其工作分工明确、分类指导清晰、流程规范，并且有明确的工作标准，不同的评估机构所对应的评估对象和内容等也有所不同，而且各评估机构跟教育部门都有着紧密的联系与沟通，对评估结果的分析、查询和整改，促进高等教育质量的提升。且评估结果也会公开，接受社会的监督，促进学校更好地发展。

（一）国家对高等教育质量的保障机制

教育评估制度，对各方人才的证书进行评估认证，这是法国在保障高等教育质量方面的重要工作。文凭标志着学生通过学习和严格的评估认证，已获得应具备的各项技能及综合素质，随后发放其相应的文凭证书，保证高等教育的质量，保证高等教育所培养人才的素质能够适应经济和社会的发展。教育督导制度，对各方教育活动进行监督，对各部门间起到重要的沟通的桥梁作用，保证高等教育评估制度的公开性、公平性，确保高等教育质量的提升。

（二）教育机构内部的质量保障机制

---

①王诗歌. 推进高校高质量教育体系发展——借鉴法国高等教育体系的特色[J]. 长江丛刊，2022（8）：114-116.

教育机构内部应根据自身实际情况和特点制定相应的人才培养计划，达到各自教育的目标来满足社会和经济的发展需求。其培养计划应符合学生的学习特点和就业需要，加强学生的企业实践学习，采取措施对学生的能力、技能等方面进行评估，促进学生全方面发展。教育机构内部应规范其组织管理体系，对教育的管理拥有足够的自主权，树立良好的社会形象，负责教育的广泛性管理，履行其教育实名，协调教育内外部的交流沟通，准备充足的办学资金和各种硬件资源，确保高等教育的质量。教育机构内部应建立高素质水平的师资队伍，这是保障法国高等教育质量的基本要求。有高标准的教师录用标准，对教师的从业资格、行为规范、教学行为、思想素质有明确的规范制度。教师的工作必须接受学生和其他同事的监督，并且教师应对自己的教学计划和目标有充分的了解，深究其教学内容，设计合理、科学的教学计划，运用有效的教学方法，保证学生培养的质量，进而确保教学质量的提高。

强化学生能力教育，建立严格的选拔和淘汰制度。根据学生的自身情况，确定人才培养目标，强化学生的能力教育，建立严格的选拔和淘汰制度，以便学生毕业后能很快地适应工作，适应社会地快速发展，保证高等教育的人才质量。

# 第四节　日本大学质量文化

## 一、日本大学质量文化的特征

日本质量文化是指日本在质量管理过程中形成的一系列价值观和行为方式的总和。这主要是由于日本二战战败后的一段时间内的产品质量低劣引起的质量革命。当时在由外国产品的侵略引起的民族危机意识和耻辱感以及振兴民族产业的使命感、美国的 J.M. 朱兰和 W. 爱德华兹. 戴明这两位质量管理大师带来的更加先进和新颖的全面质量管理理念，以及某些原本就渗透于日本的制造业质量理念和文化的催化下，日本质量革命发生，质量文化也更加成熟。

目前日本高等教育为提高教育质量以适应社会和经济发展的需要采取了一系列的改革措施，包括大胆推进国立大学的重组与合并、引进民间设想以及具体实施的经营管理办法、由第三者对大学的业绩进行评价的三个方面的竞争。具体包括了以下几个方面的内容：文部科学省进行相应的制度设计，采用民间的经营手法，确立国立大学改革的方向性，促使国立大学尽快法人化；扩大大学和研究生院面向社会高级职业人的教育训练，加强有效的职业能力开发；扩充有在大学受教育的意愿和能力者的奖学金，并建立国立、公立和私立大学之间的接受捐赠款、委托研究经费等相互竞争的机制；从教育预算开始贯彻落实国立大学的合并重组和相应的院部设置和课程改革等，使高校能够灵活多样地接收社会各界人士接受高等教育；为了提高大学的自主性，中央评议会对包括学科新设或废除等大学设置认可制度做出改革的决定；从2003年开始正式实施由大学评价·学位授予机构负责进行的评价。

由此可见，现代日本大学教育走的是经营化的道路，由此不可避免地会受到日本企业中的质量文化的深刻影响①。

**二、日本高等教育质量保障体系的重构**

日本自进入高等教育大众化阶段的90年代后，就一直致力于构建高等教育质量保障体系，从设置许可到高校自我评价，再到高校自我评估和第三方评价相结合，最终发展成一套较为完备的以政府评价、高校自评和第三方评价相融合的综合质量保障体系。2018年11月，日本中央教育委员会发表了《面向2040高等教育总体规划报告》作为面向21世纪中叶日本大学改革的指南。该报告对2040年日本社会的高等教育愿景以及为实现这一目标需要建构什么样的高等教育体制进行了讨论，以此来指

---

①龙雯雯. 高等学校质量文化建设策略研究[D]. 武汉：中南民族大学，2012.

导本国高等教育改革，促进高等教育可持续发展。在《面向2040高等教育总体规划报告》中的第三部分，即"质量保障和信息公开——重构'学修成果'的质量保障"，对高等教育质量保障体系建设提出了意见建议，并将意见内容与有关政策紧密结合，以政策指导的方式推动高等教育机构达到质量发展的目标水平。

（一）重构高等教育质量保障体系的核心内容

《面向2040高等教育总体规划报告》指出教学管理系统与大学内部质量保障密切相关，国家需要进一步支持建立教学管理系统，由于"三项政策"是教学管理系统的重要组成部分，因此每所大学都应该在校长的领导下根据自身理念、优势和特点制定适当的"三项政策"（即文凭政策、课程政策和入学政策）。此外，大学有必要利用"三项政策"建立合适的PDCA周期，审查教育活动，建立有效的内部教育质量保障机制。为了提高大学教育水平，大学里的每一门课程也都应该遵循PDCA循环周期，教职工需要在考虑文凭政策和课程政策的基础上改善课程。该报告着重强调在建立教学管理系统时，大学必须准确掌握和衡量与学生学修成果及教育成果有关的信息，政府还应该制定与教学管理有关的指导方针。

根据《面向2040高等教育总体规划报告》关于学修成果与教育质量信息公开的论述可以发现，就学校内部发展而言，学修成果与教育质量信息是大学审查教育活动质量的重要依据，是学校进行质量评价的基础，只有将成果与信息可视化，才能使内部教育质量保障工作得到真正落实，促进大学进行教育改革。学生根据学修成果信息可以更加明晰自身学习状态，调整学习策略与学习目标，积极主动进行学习，提高教育质量。就学校服务社会而言，大学应该积极承担社会责任，公布有关大学教育质量信息，有利于社会各界根据可视化信息对人才进行选拔，在高等教育机构与产业界共同理解的基础上实现对学修成果的考核与评价，加强社会监督作用，通过外部力量优化教育质量。

审查大学是否具备设置许可条件，是高等教育质量保障工作的首要内容。以往政府主要根据教师资格、课程要求、毕业要求以及校园设备等审批条件对新成立的大学进行资格审查。随着学习型社会的到来、教育研究体制的多样化发展以及信息技术的日新月异，原有的设置评价内容已经不能符合时代变化要求，因此，《面向2040高等教育总体规划报告》对大学设置条件赋予了新的内容。该报告指出，除了目前现有的设置规定外，政府还应该根据时代变化、大学教育发展、信息技术进步等对设置条件给予补充说明，包括如何根据课程规划组建教师队伍、如何完善课程认证制度以满足更多学生的学习需求、如何检查信息技术设备的使用情况等。该报告还提到审查工作不仅针对新成立的大学，还包括现有大学，从而确保日本大学整体教育质量有所提高，大学发展更加符合时代要求。

日本在21世纪引入的第三方认证评价机制，可以看作是将市场机制引入高等教育质量保障体系中的一项举措，这一做法促进了高校自我评估的发展，使高等教育质量保障体系更加完备。按照《学校教育法》规定，日本高校要定期接受认证和评估，负责评估的主体是文部科学省认可的第三方评估机构，第三方评估机构需要根据自身标准对高校形成的自我评估报告再进行评价，形成评估结果，学校根据评估结果改进教育活动。在《面向2040高等教育总体规划报告》中，政府着重强调了有关完善第三方认证评估机制的措施，包括"未获得认证合格的大学要向文部科学省提交关于教育研究活动情况的报告或材料、利用国立大学法人评估确认内部质量保障是否有效以及灵活利用大学发布的基于共同定义的信息数据等"。新的改进办法有利于构建更加科学有效的第三方认证评估机制，促进高等教育质量提升。

（二）重构高等教育质量保障体系的主要路径与表现

《面向2040高等教育总体规划报告》强调大学需要发展教学管理系统，从而完善内部质量保障机制，提升高等教育质量。为了使大学理解教学管理思想，促进其认真讨论和致力于将教学管理进行系统化建设，文部科学省成立了教学管理委员会，并于2020年1月发布了针对性极强的《教学管理准则》，解释了有关教学管理方法在引入和实施中应注意的事项，从"三项政策的学习目标具体化、课程的组织与实施、教学管理的基础（FD、SD、学术IR系统）"等方面进行阐释，帮助大学明晰建设方向，缩小大学间的两极化差距。《教学管理准则》还说明"每所大学都必须努力建立符合大学个性和特点的教学管理系统，发挥独创性，准则只是指出一个主要方向，而不是要遵循的'手册'"。《教学管理准则》的拟定使大学在教学管理建设方面更加系统化和精细化，有章可循，有助于形成完备的内部质量保障机制，提升教育质量。

为了促进高等教育向报告中强调的以学生为中心转变，使学修成果和教育质量信息更加具有可视性，日本政府于2019年进行了全国学生调查，从大学生角度了解大学教育和学生学习实际状况，调查结果将被作为帮助社会了解大学、改善教育质量、制定国家政策的基本材料。在信息公开方面，日本引入竞争机制，继续并加强实施大学教育再生加速计划（AP）。AP计划一共包括五个主题，其中第二主题强调的就是学修成果可视化，采用第二主题的学校已经为可测量的知识和能力设定了特定的发展目标，并正在建立学生成绩评估系统，进行学习行为调查，从而充分展现学修成果信息，评估教育活动质量。

由于新的教育规划报告对大学设置条件进行了重新申明，因此在新规划报告的指导下，日本政府于2019年6月对大学设置基准给予了重新修正，使大学能够根据时代发展和学生的多样化需求做出灵活应对。新的大学设置基准着重强调了有关跨学科课程设置情况。现代社会需要的是具有跨学科知识的人才，为了满足普及化时代学生对高等教育的需求，大学设置基准中还对课程认证制度给予了修订。课程认证制度的进一步完善，使更多学生获得了接受高等教育的机会。目前，在新教育规划报告的指导下，大学设置基准仍然在修正和改进的过程中，并向以学生为中心的方向转变，听取学生建议，未来将更加体现出时代发展特征，保障高等教育质量。

目前，日本进行第三方认证评估的机构主要是由文部科学省认可的大学基准协会（JUAA）、独立行政法人大学改革支援与学位授予机构（NIAD UE）、日本高等教育评估机构（JIHEE）以及短期大学基准协会（JACA）等四个机构。新的教育规划报告对完善第三方认证评价机制做出了新的指示，在这一背景下，第三方认证评估机构纷纷做出改革，同时整理了有关意见递交给政府。为了进一步呈现认证评估机制的改革路径，以下主要以独立行政法人大学改革支援与学位授予机构（NIAD UE）为例进行说明。NIAD UE 于 2019 年发布了评估管理中期目标，主要目的是促进日本高等教育的发展。NIAD UE 在中期目标计划书的第三项，即"提高服务质量和向公众提供其他服务"中指出，"将根据国立大学法人评估委员会的委托要求，在中期目标时期内评估国立大学法人和大学共同利用机构法人的工作绩效，将使用大学数据库信息以及为认证评估准备的相关材料等进行评估"。由此可见，在计划性的管理目标下，国立大学法人评估委员会正在委托认证评估机构有序地对内部质量保障情况进行评判，对已有数据的利用体现出认证评估机构为减轻大学材料准备负担而做出的改进①。

# 第五节　北欧地区大学质量文化

## 一、北欧地区高等教育质量评估的特征

北欧高等教育评估开始于 20 世纪 80 年代初。进入 90 年代，高教评估进入了快速发展时期。作为福利社会的北欧四国，高等教育既有别于

---

①黄福涛. 日本大学质量保障体系的建立与基本特征[J]. 深圳大学学报（人文社会科学版），2016（4）：143-149.

英国，也与其他欧洲大陆国家不同。仅从高教投入上来看，政府拨款仍然是高等教育经费的最主要来源渠道。作为高教的最大投资者，政府自然要在高教质量保障上做出努力，有提出保证高等学校质量的权利。

北欧高等教育质量评估的特点，是在与西方其他国家高教质量保证的比较中体现出来的。如果说英国是政府主导型的代表，那么美国则是一个将质量监控交与专业团体的市场主导型代表。简而言之，北欧国家则是居于英美模式之间的中间模式。政府虽然通过委托方式，将高等教育评估交与中间团体，但政府在质量评估中的作用十分明显。而这一以政府指导、由专业团体实施的北欧高等教育评估模式，目的就是要能够在高等教育的内部需求与外部需求之间求得相对平衡。换言之，是评估者与被评估者二者需求的平衡。而追求平衡的最终目的是要在高等学校与质量评估机构之间建立起一种专业信任关系，双方的关系要从监督与被监督的关系转变为专业合作关系。只有这样，高等教育评估的宗旨才可得以实现。而这一宗旨可以概括为：让高校提高质量意识，确保质量的改善，对用户(包括政府、用人单位和家长、学生)承担起责任。可见，高等教育质量评估的核心是要在外部的监督和内部需求之间达到基本平衡。这一平衡的一端是大学有建立校内质量保证系统的需求，而另一端则是使外部势力渗透大学校园合法化。

**二、北欧地区大学质量保障体系的建立**

北欧国家位于欧洲大陆上长年严寒的斯堪的纳维亚半岛，并且缺乏丰富的自然资源，但近年来在国际竞争力排名上却有如此好的表现，堪称奇迹。在这一奇迹背后，其高等教育质量保障体系的特色更是值得深入研究。

**（一）建立独立的高等教育质量管理机构**

20世纪90年代，随着高等教育朝着大众化方向发展，除了高等教育学生数量急剧增加外，提供短期和中期课程的高等教育机构也大量涌现。如何确保教学质量及有效分配经费，成为丹麦政府所必须面对的首要问题。于是，丹麦政府在1992年正式设立"丹麦高等教育质量保障及评估中心"，成为北欧国家中率先建立全国性高等教育外部评估系统的国家。1999年，丹麦政府依据国会法案成立"丹麦评估协会"，该协会是由原来的评估中心转型而成，为独立机构，负责所有教育阶段各领域的质量保障和评估工作。

瑞典于1993年成立"瑞典国家高等教育署"，进行全国性的高等教育质量审核活动。教育署负责高等教育的跟踪调查、质量评估、督导、法律权益保护、高等教育信息研究和国际合作。此外，尚未获得教授职位设置权的高校，要设置教授职位也要上报教育署批准。

1996年，芬兰成立了高等教育评估协会。协会是独立于教育部和高等院校外的第三方机构，协会的主要任务是通过认证和评估来促进各高等教育机构质量的提高。协会将高等教育评估的目标定位于："提升高等教育机构的办学质量，向高等教育投资者与顾客反映学校的表现与努力，提高学校进行自我评估的意识与能力。"

挪威政府于2002年正式设立"挪威教育质量保障局"，该机构于2003年开始运作。在挪威《大学法》第三章第13条中明确授权由保障局负责评估高等教育机构质量保障体系，并由其对高等教育机构进行认证。挪威教育质量保障局并不属于政府机构，而是一个在法律架构及教育部规范下行使权责的独立单位。

总体来看，北欧国家的教育质量管理机构在法律框架下都具有一定程度的自主性及独立性，这使得政府在高等教育领域中的主导地位有所下降，从而转向以市场化的方式引导高等教育发展。

（二）以立法的方式确保高等教育质量管理的权威性

1993年，瑞典国会对外颁布新修订的《高等教育法》以及《高等教育条例》，规定不再由国家主导高等教育课程体系，而是赋予高校自主授予学位的权力；同时加强质量监控，并修改高校经费拨款政策，开始采用以绩效评估为导向的经费分配办法。自2000年起，瑞典法律明文规定学生有权通过法律对于高等教育机构提出诉求，并具有教育决策权。无论是全国性评估或一般性行政教学工作都必须有学生代表参与，学生代表具有决策的投票权。

1995 年，芬兰通过了《高等教育评估协会法及其修正案》，从而确立了高等教育评估的法源。另外，1998 年颁布的《大学法》第五条明确规定："大学应主动评估其自身的教学、研究及艺术活动，评估时应加入外部访评，并主动公布评估结果。"根据法律规定，芬兰的高等教育机构必须参加全国性评估。除了参加机构评估之外，各个高等教育机构还需要参加其他类型的外部评估，以多种方式对机构自身提出质量保障。

1995 年，挪威颁布的《大学和学院法》规定了管理公立院校的规则。按照该法律，国家有权决定高校的学位授予、课程、专业设置等有关事宜，同时院校也拥有一些自主权。如院校可以认证一些私立院校和跨国机构提供的教育服务；院校可以提供不超过 120 学分的初级学位课程。院校在开设新课程时为了获得批准，必须提交详细的计划书，计划书包括师资能力、课程内容、考试制度、教学辅助设施，如图书馆、计算机及其他一些必要设备的情况。

2002 年，丹麦国会通过了保障教育透明性及公开性的相关立法，让学生及家长能充分获得教育机构的相关信息。根据该项立法，所有的高等教育机构需要将学校的详细资料放在网站上供大众查询，而且不但要明确学校的组织管理和教学的基本原则，而且还要公开每年级每科目的学生平均成绩，同时必须公开教学质量评估的结果。

（三）建立起内外兼备的高等教育质量保障体系

1.强调内部质量保障体系的重要性

1977 年，瑞典高等教育改革使得高校在决策上有了很大的自主权。1977—1982 年，政府鼓励大学在系的层面上进行自我评估。在教师和学生的广泛参与下，系层面上的评估实践取得成功。之后，其引入同行评议的做法，并不断完善系层面上的评估体系。1993年通过《高等教育改革法》之后，根据政府规定，在所有的院校管理中，建立内部的质量提高计划是内部管理规则之一，而且院校应该每年递交报告，对院校质量提高的成果进行报告。除了将评估的重点从由课程评估转向院系的整体评估之外，近年来，瑞典的一些大学还开始发起专业评估活动，以促进院校自我评估体系的完善和发展。

芬兰政府从1986年起，要求各高等教育机构内部必须建立质量保障体系，针对人才培养、科学研究及社会服务等活动进行定期评估，以对其所提供的教学与研究质量负起主要责任。目前，芬兰的主要大学及技术学院一直都在致力于发展并完善其内部的高等教育质量保障体系。

以赫尔辛基大学为例，其内部质量保障体系涵盖了校、院、系三级质量监控和管理体系。在学校一级层面，赫尔辛基大学制定了明确的质量发展策略，设立专门的质量保障指导小组，定期开展系列质量保障活动。在院系一级层面，各院系要根据培养学位的要求，在学校的整体目标任务和政策规定的范围内，对本院系的科研、教与学、社会作用以及支持性活动制定准则，并实施自我评估。需要指出的是，院系一级教与学质量的自我评估是赫尔辛基大学内部质量保障的重中之重。

冰岛教育科学与文化部1999年通过了一个管理条例，要求所有的大学必须建立起一个正规的内部教学质量评价体系，其中要有对教师工作的系统评估，包括学生对教学的评价、教师的自评、所在院系的意见等，其目的是促进教学质量的提高。另外，冰岛《大学法》要求评估院校设立评估小组，评估小组必须包括学生代表。

由于商学院的学位课程大量增加，丹麦于2000年对高等教育进行了重大的改革。政府开始规定每个新成立的学院都必须建立起"自我评估机制"，并实施跟踪改善计划。因此，这些专业学院被要求发展自身的内部质量保障体系。内部质量保障体系必须包含以下内容：教学方法是否达成目标、教学方法的应用情形、教师指导学生学习的情形、教学评估和学校课程的组成情况以及教师是否持续在职训练等。

挪威政府要求所有高等教育机构都必须建立内部质量保障体系，并于2004年1月前完成。建立这一体系的目的，是及时发现教育质量出现的变化、找出质量薄弱环节、调动校内人员广泛参与的积极性、创造质量文化和促进教育质量全面提高。同时，挪威政府还专门为内部质量保障体系制定了相关"标准"，主要包括以下几方面：有令人满意的质量保障文件；具有揭示质量问题的能力；涵盖从学生进入该专业学习直到课程结束，对专业质量起重要作用的各个环节；包括经常性的学生对教学的评估、高校自我评估及跟踪评估，高校改善学习环境的文件与新专业质量保障的例行工作；有确保质量保障系统持续改进的例行做法。

2.开展多种类型的外部审核评估和认证活动

21世纪以来，北欧国家经过了高等教育扩招后，普遍面临入学门槛降低以及教育质量下降的问题，如何解决这一问题呢？北欧国家给出的答案是加强对高等教育机构内部质量保障体系的审核评估。

芬兰高等教育评估协会于2004年开始尝试推行"芬兰高等教育机构质量保障体系的审查"，规定每隔6年就要进行全国性的高等教育机构质量保障体系审核。芬兰高等教育评估协会认为，质量审查活动的主要目的有三：1.协助各高等教育机构根据本身教学或研究活动制定质量目标；2.对各高等教育机构的内部质量保障体系的过程与合理性进行评估；3.协助芬兰高等教育机构质量保障体系的发展，以符合欧洲质量保障原则，并以此增加芬兰国际高等教育市场的竞争力。芬兰高等教育评估协会以全面性、绩效性、有效性和透明性作为审查原则，将审核结果分为四类：不存在、初级的、中级的和高级的。审核小组的任务除了分析机构送交的质量保障体系相关证明文件外，还要进行2—3次的现场访评，以增进对于该高等教育机构质量保障体系的了解。最后，由审核小组提出审核报告书，其内容大致包含：该机构质量保障体系的陈述与发展目标、审核小组提供的建议、审核规范的审核结果，以及是否通过审核。

若未能通过审核，审核小组将提出该高教机构质量保障体系的质量、效益、效率及透明性方面的重大缺失，并且要求该高等教育机构重新接受审核。

瑞典国家高等教育署以6年一期进行高等教育机构质量保障的审核计划，并遵循欧洲高等教育质量保障网络（ENQA）所提供的质量保障准则。在1995年至2002年期间，瑞典国家高等教育已分别进行了两次高等教育机构质量保障程序的审核。现在的评估重点在于质量保障流程所产生的结果与影响，而且考查重点不再只是注重书面文件，而是开始重视高等教育质量保障体系的日常运作。另外，审核计划结束后，评估小组将提出总结报告，以分析各机构质量保障程序的优缺点，并针对个别机构提供建议与反馈。瑞典国家高等教育署的大学长将根据报告对受评单位的质量保障程序提出"信心度"判断，结论分别为："具有信心""信心有限"以及"没有信心"。对于结论是"没有信心"的高等教育机构，将会被要求立即整改，并给予一年的时间进行补救。

丹麦评估协会从1999年开始，不仅积极开发各种评估方法和技术，积极开展专业评估、学科评估、机构认证及质量保障机制的审核等工作，还相当重视后续的反馈和跟踪评价，希望通过对话和沟通达到"以评促改"的目的。目前，"认证"已经成为丹麦重要的评估方法。认证主要是针对私立高等教育机构和继续教育机构，这些机构只有通过国家认证，才能使在此就学的学生得到丹麦国家奖学金。认证每4年进行一次，参照13个学科领域的40条标准进行。标准包括"教学目的与内容、在劳动力市场中的前景与能力、教育结构、考试制度、招生、师资组织管理、财政、学习辅助设施、内部质量保障"等。认证程序包括院校根据丹麦评估研究所发布的评估手册进行自评、做出书面报告；丹麦统计局进行劳动力市场调研，以判断毕业生是否在劳动力市场取得了相应的职位；最后由丹麦评估研究所组织为期一天的现场访问，通过与学生、教师、外部督察员的面谈与实际的观察，做出是否认证的最终裁决。虽然有人认为认证与评估、质量保障区别不大，但认证是基于明确、清晰的标准对院校或专业做出的肯定或否定的结论。在高等教育国际化的背景下，认证使质量保障更加具有透明性，在更广阔的范围内具有可比性，但认证不能被看成是质量保障活动的终结，而应被看成是质量保障活动的一个重要组成部分。

　　挪威的国家层级质量保障机制主要从"认证"及"认证控制"两方面进行，其中认证包括"机构认证"及"专业认证"；认证控制则包括机构审核和认证修正。依据《大学和学院法》的定义："认证是指针对高等教育机构，或机构提供的教育是否符合既定标准的专业评估，而且以挪威教育质量保障局委派的外部专家进行的评估活动为基础，同时这也是机构提供该专业教育的先决条件。"①

---

　　①姚泽有，余时飞. 北欧奇迹背后的高等教育质量保障体系探究[J]. 大学教育，2017（2）：184-186.

# 第四章　民办本科院校质量文化样态

在高等教育的广阔天地中，民办本科院校作为一股不可忽视的力量，其独特的质量文化样态不仅丰富了教育生态，更促进了教育质量的整体提升。本章将深入剖析民办本科院校质量文化的多维度表现，探讨其与企业质量文化的异同，并揭示其深层的价值追求。

## 第一节　民办本科院校质量文化样态的表达

在当今中国，文化与质量日益引起人们的普遍关注，文化强国和质量强国均已上升为国家战略。《质量发展纲要（2011—2020年）》明确提出：加强质量文化建设，优化质量发展环境，增强全民质量意识，提升质量文化软实力。时代呼唤全民质量意识，学校质量文化建设迫在眉睫。

### 一、民办本科院校质量文化的内涵

民办本科院校质量文化，是指在民办高等教育领域中，以提高教育质量和培养学生综合素质为核心，形成的一种具有独特价值观和行为准则的文化氛围。这种文化强调质量意识、质量标准和质量管理，致力于构建以学生为中心、以教师为主体、以教学质量为核心的教育质量保障体系。

在民办本科院校中，质量文化的内涵体现在多个方面。首先，质量文化强调教育质量的全面性和整体性，不仅关注学生的知识掌握和技能培养，还注重学生的思想道德、创新能力和实践能力等方面的培养。其次，质量文化注重教育教学的规范性和科学性，倡导教师严谨治学、教书育人，遵循教育教学规律，创新教学方法和手段，提高教学效果。再次，质量文化强调质量管理的系统性和有效性，建立完善的教学质量监控和评估机制，及时发现和解决教学中存在的问题，不断改进和优化教育教学过程。

民办本科院校质量文化的构建，需要全校师生的共同努力和持续推动。学校应该加强对质量文化的宣传和教育，提高师生的质量意识和质量责任感。同时，学校还应该建立完善的质量管理体系和机制，加强对教学质量的监控和评估，促进教育教学的不断改进和优化。只有这样，才能真正实现民办本科院校质量文化的内涵，培养出更多高素质、有竞争力的人才，为社会发展做出更大的贡献。

### 二、民办本科院校质量文化样态的表达

民办本科院校质量文化样态的表达，既体现了其独特的办学理念和教育特色，也彰显了其在高等教育领域的创新与发展。质量文化作为民办本科院校发展的核心，其样态的表达方式直接关系到学校的品牌形象和教育质量。

首先，民办本科院校质量文化的表达体现在教育教学的全过程。学校注重培养学生的综合素质和创新能力，通过优化课程结构、更新教学内容、改进教学方法等手段，不断提高教学质量。同时，学校还注重教育教学质量的监控和评估，建立了完善的教学质量保障体系，确保教育教学质量的稳定和提高。

其次，民办本科院校质量文化的表达还体现在管理服务的精细化。学校注重管理服务的规范化和专业化，通过优化管理流程、提高管理效率、加强师生沟通等手段，不断提升管理服务的质量和水平。这种精细化的管理服务模式，为师生提供了更加便捷、高效的服务体验，也为学校的发展提供了有力保障。

最后，民办本科院校质量文化的表达还体现在校园文化建设的多元化。学校注重校园文化的传承和创新，通过开展丰富多彩的校园文化活动、加强校内外文化交流等方式，不断营造积极向上的校园文化氛围。这种多元化的校园文化建设，不仅丰富了师生的精神文化生活，也提高了学校的文化软实力和品牌影响力。

综上所述，民办本科院校质量文化样态的表达，涵盖了教育教学的全过程、管理服务的精细化以及校园文化建设的多元化等多个方面。这种全面、深入的质量文化表达方式，为民办本科院校的发展注入了新的活力和动力，也为高等教育事业的繁荣和发展做出了积极贡献。

### 三、民办本科院校教学质量文化的内涵解析

当前，大部分学校教育的内外部环境、软硬件条件几乎处于同一水平，学校靠什么去形成自己学校的核心竞争力？那就是质量文化。质量文化决不是质量与文化的简单相加，教育质量也不等于教育质量与学校文化之和，而是关于教育质量的意识与观念以一种显性和隐性的文化形态作用于学校教育活动的全过程。教学质量文化是那部分为教学质量提供有效支持的学校文化，是学校文化的核心。民办本科院校教学质量文化是指民办本科院校在长期办学实践中围绕教学质量问题所产生的质量

精神、质量行为、质量制度及其物化形式，是关于教学质量的内在制度（潜规则）和外在制度（显规则）互动的和。

（一）一个中心：教学质量

学校所有的人事结构、意识活动、行为方式、规章制度、物化形式等都应该指向教学质量这个中心，保障教学的中心地位，把教学改革作为学校各项改革的核心，把提高教学质量作为永恒的主题。没有教学的中心地位，不以提高教学质量为目的，就谈不上教学质量文化。

（二）两种规则：潜规则与显规则

教学质量文化是指民办本科院校在办学实践中形成的关于教学质量的内在制度（潜规则）和外在制度（显规则）互动的和。教学质量文化有内在与外在、隐性与显性、有形与无形、潜在与显在之区分。但质量文化决不是二者简单的静态相加，而是不断运动、相互作用的互动过程。无生于有，内在潜规则决定外在显规则；反过来，显性的又潜移默化地影响隐性的，习惯成自然，不断积淀成潜在质量规则。当外在的教学制度、教学行为等显规则与内在的质量潜规则一致时，教学制度的有效性才得以显现，教学行为才能不断固化教学质量，从而形成质量文化氛围。当二者冲突时，最容易改变的是显规则，然后影响潜规则。改变潜规则靠本土的力量很难改观，因为本土的显规则和潜规则所组成的质量文化具有保守拒变、因循守旧的惯性，当民办本科院校发展到一定阶段，需要自我突破时，就要跳出圈外，用外来教学质量文化推动本土显规则渐变，并与本土文化交融，逐步形成新的教学管理潜规则，从而推动学校教学质量文化的不断革新。

从狭义上看，文化是人们不约而同的行为。民办本科院校教学质量文化就是民办本科院校的师生员工围绕教学工作，以提高人才培养质量为目的的不约而同的行为，这不是一种外力的强加，而是一种自觉的行为、一种风气，具体表现为学校的校风、教风和学风。

（三）四个层面：物质层、制度层、行为层和精神层

教学质量文化的结构特征由物质层、制度层、行为层和精神层四个层面组成，也可以说教学质量文化具体包括物质文化、制度文化、行为文化和精神文化。教学质量文化建设要通过质量理念化、理念制度化、制度文化化、文化行为化等进程促进价值的内化与意义的共享，最终实现学校的质量追求。

1.教学质量文化的物质层——物质文化

物质文化是质量文化的外部物质基础层面，主要包括办学设施设备、师资力量、学生素质、校园环境、学校形象等，是教学质量的载体。有好专业、好师资、好学生、好设施、好环境、好就业，培养出好人才，方可谓之好学校。物质层面虽然较之其他层面相比，对教学质量文化建设影响力较小，容易改善，但作用不可小觑，也正是民办本科院校所缺乏的。

教学条件和校园环境的改善是民办本科院校质量文化建设的重要载体。办学硬件条件、校园环境状况、技术设备和师资力量在很大程度上影响着教学活动的过程，影响学生的培养质量，是教育质量形成的物质保证。度过资本积累期的民办本科院校，要着力进行生态化、园林化、人文化、信息化的现代化校园环境建设，逐步建设成特色鲜明、具有艺术性的校园环境；加大高技术、新设备的引进、开发和应用，做好各项基础设施建设，优化信息资源并提高使用效益；聘请名师，优化师资队伍结构，提高教学管理水平；完善图书馆、运动场所的建设，倡导学生自主学习、自治管理；以品牌文化建设为重点，打造顾客——学生满意度和教师员工忠诚度极高的特色文化。

2.教学质量文化的制度层——制度文化

制度文化属于质量文化的物质层面，是塑造师生员工教学质量行为的主要机制，是教学质量文化的固化部分，是为实现质量目标和质量方针对师生员工的规范化要求，包括质量保障体系、组织架构、规章制度

和运行规则,是构筑质量文化的保障,具有可操作性,是精神层的支撑,是行为层的引导和约束。目前多数民办本科院校仍停留在人治阶段,靠创业时期英明善战的"明白人"说了算——"动态管理"。教学"动态管理"容易导致换领导就换思维、换理念、换制度,使学校质量文化建设极其脆弱,很难固化为特色。民办本科院校呼唤法人治理结构的制度文化建设,呼唤建立内部法制化的教学质量环境。

民办本科院校创业之初,由于生存和发展的需要,把更多的精力放在了招生宣传和校舍硬件建设上,校舍、设备、师资和就业等硬性指标成了教育教学质量的代名词,而对教育质量的工程技术(教育教法、手段、考核评价)、制度建设等方面关注不够。今后要更加关注培养模式创新,更加关注质量保障评估的制度建设,这是民办教育教学质量文化建设的重要任务。

3.教学质量文化的行为层——行为文化

行为层既受制度层的引导又受物质层的制约,是制度执行力的体现,具体表现为团队和个人的做事方式,是学校的校风、教师的教风、管理人员的作风和学生的学风。民办本科院校的领导干部和全体师生员工的全部行为都要围绕教与学展开,以学生为本,高质量绘制教学蓝图,以质量经营学校,对教育工作持续改进。倾听学生声音,提供适应性的教育服务,让顾客满意;面对有差异的学生,实施差异化教学,因材施教,把木桶理论和质量文化结合起来,学生一个也不能少;依靠教师,依靠学生,以教师的教为主导,以学生的学为主体,结合技能创新和科技竞赛开展师生校园文化活动,推进教、学、做的一体化和课程教学、思想养成教育一体化的教学改革,优化质量行为模式,重在学生综合能力的培养和素质养成,为学生终身发展奠基。在种种行为文化中,最需要强调的是质量文化的三个核心行为方式要素,即领导作用、团队的学习创新和员工的自我管理行为。

第一,领导作用与领导行为。无论是ISO9000标准所提出的质量管理八项原则，还是追求卓越绩效组织遵循的十一条核心价值观都强调领导作用："领导者应确保组织的目的与方向一致。他们应当创造并保持良好的内部环境，使员工能充分参与组织目标活动。"高层领导的作用在于确定方向、营造环境等方面。民办本科院校实行的是董事会（理事会）领导下的校长负责制，一个好董事长就是一所好学校。一所学校，高层管理者教学质量计划行为、组织设计行为、开放开明领导行为、塑造控制行为对创新教学质量文化建设起重要作用。

第二，学习创新行为。21世纪，唯一不变的是变化，我们唯一的优势是比竞争对手学得快。在学习型组织中，有一个著名的公式：L>C。其含义是：知识经济社会里，学习创新必须大于变化发展，一个组织内部的学习和变革，如果赶不上外部的变化，这个企业就会消亡。事实上，永不满足的学习力、不断自我否定的变革行为、与时俱进的创新精神也是遵循市场竞争法则的民办本科院校生存与发展的动力，是优化教学质量文化的重要内容。

第三，师生员工的自我管理行为。教学质量文化强调全体师生员工的质量意识和自觉的质量行为，要营造一种质量文化氛围，包括对教学质量观和培养目标的认同，对质量的承诺和对质量改进的不断追求。只有全体成员的共同追求才能形成质量文化，教师自律、自强，学生自我管理、自主学习，成为学校的主人。在民办本科院校这个独特的环境内，要坚决抛弃责怪的旁观者文化和顺从的奴隶文化，逐步建立自我管理的主人文化。

4.教学质量文化的精神层——精神文化

精神文化是质量文化的核心和目标追求，是学校群体的质量意识和个体的价值观念。就民办本科院校而言，构筑独具特色的质量精神文化，就需要树立教育的公益性目的、正确的教学质量价值观、办学特色意识、质量精品意识、学生顾客意识、师生团队意识以及质量忧患的危机意识、市场竞争意识等，这是质量文化的核心要素。

第一，教育的公益性目的。抛弃教育的产业化倾向，不以营利为目的。继续发扬民校干事创业、追求卓越的奉献精神，一心一意谋发展，聚精会神办教育，把目光放在未来，把心思放在教学上，把教育事业做精做强。

第二，教学质量价值观。教学质量价值观是教学质量意识的核心内容，是起决定作用的要素，深深影响师生员工对教与学质量的态度和行为取向。教学质量价值观具体包括教师的教学观、学生的学习观、学校的质量观、微观的课程观。民办教育教学观的价值取向应该是实用性的：培养实用性人才，同时作为人才的培养，一定要注意个性化教学观的新向度。在就业的实用性知识为主的教学观导向下，学生的学习观的关注点是技能训练和职业操守。学校质量观是能力本位的素质教育观，微观的课程观应是适应生产、管理、服务一线技能人才需要的社会化课程观。

第三，办学特色意识。"高质量、有特色的教育永远是稀缺的资源"。无论是从现实的供求关系分析，还是从民办本科院校自身的内在要求出发，无不彰显出一个基本的理念——特色是民办本科院校的立校之本，走特色化、差异化发展之路是民办教育发展的必然选择。兴办民办本科院校，是为了满足特定群体选择性需求的教育服务需要；发展民办教育，不能跟在公办学校后面亦步亦趋，否则就失去了其存在的独特价值和意义。在当前生源锐减、办学成本加剧、办学性质尚未定位的困境下，民办本科院校必须突出办学特色、彰显办学个性，以质量求生存，以特色谋发展。

第四，质量精品意识。在民办高等教育的教学实践中，必须牢固树立质量精品意识，积极探索教育教学规律，精益求精，确保优质化的教学服务，确保教育出精品，办人民群众满意的教育，培养优秀人才。以学生的满意度、群众的美誉度和社会的认可度来打造自己的教育品牌、树立学校的良好形象。

第五，学生顾客意识。质量文化以顾客持续满意为关注焦点。强烈的学生顾客意识是民办本科院校持续发展的原动力。对学校而言，学校教育最主要的顾客是学生。要做到眼中有学生，心中有学生，行动中为了学生，树立学生的主体顾客地位，不在于口头上，而在于行动上，以学生为本，想学生之所想，急学生之所急，为学生成人、成长、成才办教育。再穷不能穷教育，再苦不能苦孩子，这句话同样适用于民办高等教育。人的生命只有一次，人的青春年华也只有一次，不可轮回。民办本科院校万不可拿学生的青春和生命来积累原始资本，不可用教育教学的偷工减料来毁坏学生前途命运。要围绕学生的成才开展教育、教学、管理、服务工作，持续不断地改进教育质量，培养合格人才，只有这样，学校才能有坚实的基础和不竭的动力。

以人为本，即以学生为本，要树立人人成才的观念，每个学生都能通过学校教育成人成才。民办本科院校没有一流的教师，没有一流的校舍，但不可缺少一流的质量追求。有的民办本科院校教师面对落榜学生仍用传统的应试教育观点、内容、方法开展教学，屡屡受挫，感慨说："我们从事的是废品加工。"谁都可以瞧不起咱，唯独自己不能瞧不起自己。"世无弃人和弃物"。人民教育家陶行知先生有一句名言："你的教鞭下有瓦特，你的冷眼里有牛顿，你的嘲笑中有爱迪生。"民办本科院校招收的被传统应试教育抛弃的学生中极有可能有未来杰出的人才，只要教育工作者从学生顾客的需求出发，因材施教，在追求学生的价值增值和服务社会需求之间找到平衡点，一定会实现优质的教育教学目标。同样，民办本科院校也可以追求一流的学校质量，培育一流的人才，打破人们世俗目光中民办本科院校没有质量的偏见。

第六，师生团队意识。质量文化建设要求全员参与，人人是质量管理者，学校教学质量文化建设离开全体教师自觉、主动、创造性的参与是不可能实现的。民办本科院校需要教师的团结协作、共同钻研，需要调动学生的积极性，需要学生积极参与，建立师生合作团队，使"质量"成为全校师生员工共同的理念，人人为实现教育教学的质量管理目标而团结、自愿、自觉地奋斗，营造一种"质量为我，我为质量"的文化氛围。

（四）教学质量文化的变革抗性

通过质量文化四个层次可以明显看出，精神层属于本土文化的潜规则，对整个质量文化建设有决定作用，一旦形成不易改变；物质层、制度层和行为层属显规则，容易受外来文化的冲击，相对容易改变，并不断影响潜规则，促进精神层渐变。同文化变革的抗性一样，质量文化变革的抗性从物质层到精神层逐渐增强。当然质量文化的纬度一经改变，其持续的时间与改变的难易程度也呈正比，越难改变的在改变后持续的时间越长。由此，民办本科院校的质量文化建设不能故步自封，在创业时期形成的优秀质量文化需要扬弃，在不同的发展阶段要汲取不同的外来质量文化营养，可以先从易改变的物质层和制度层入手，不断改善教学条件，加强教学环境和教学设施建设，建立健全教学规章，优化教学行为，有意识地加强教学质量文化建设，形成创新型、学习型的持续改进的卓越教学质量精神文化。

（五）民办教育教学质量文化的发展定位

借鉴竞争性文化价值模式（CVF），将灵活与伸缩、控制和稳定、内部与合作、外部与竞争四个要素分别界定为民办本科院校内部的民主、专制、举办者、师生四个关注维度，结合质量文化精神层、行为层、制度层和物质层四个维度可找出当前民办本科院校教学质量文化所处的类型和位置。如下表所示：

表4-1　教学质量竞争性文化模式

| 民办本科院校关注的角度 | 质量文化维度 | | | |
| --- | --- | --- | --- | --- |
| | 精神层 | 行为层 | 制度层 | 物质层 |
| 民主（灵活） | 实现自我获得尊重 | 主动进取 | 灵活授权 | 流程式管理 |

| 专制(控制) | 打工思想但求无过 | 被动稳定 | 死板控制 | 智能式管理 |
|---|---|---|---|---|
| 学校(举办者) | 求生存 | 打小算盘 | 金字塔式垂直管理 | 成本指标 |
| 师生(顾客) | 求发展 | 客户满意 | 矩阵式扁平化管理 | 学校、教师、学生共赢 |

结合民办高等教育发展现状，不难发现，大多数民办本科院校实行的是董事会领导下的校长负责制。从举办者的角度出发，普遍是专制控制，举办者求生存，学校考虑成本核算求稳定，采用家族式金字塔垂直管理求秩序，教师打工求无过，教学质量文化在浅层次运作。民办本科院校要获得长期发展，必须树立顾客满意质量意识，围绕学生和教师双主体，进行管理授权和流程式管理，创造民主和谐氛围，在学生成才、教师进取和学校发展中实现共赢。上表也表明，质量文化建设各要素均指向领导者，强调领导的作用，民办本科院校质量文化建设的关键要素是举办者及其他高层决策者[1]。

# 第二节　民办本科院校质量文化与企业质量文化的异同

在当今社会，民办本科院校和企业都在追求卓越的质量文化，尽管它们在某些方面存在相似之处，但在其他方面也表现出明显的差异。以下是对民办本科院校质量文化与企业质量文化异同的详细探讨。

## 一、企业质量文化

质量是企业的生命线，是构建企业核心竞争优势、驱动企业转型升级、实现高效发展的内生动力。随着市场经济和国家产业结构政策的宏观调控，人类社会活动环境对产品质量要求越来越高，这对现在的企业

---

①梁忠环，张春梅. 论民办教育教学质量文化建设[J]. 现代教育，2012（10）：31-35.

来说既是一次机遇调整，更是一次自我提高的挑战，企业进行持续推进质量文化建设，改善质量管理体系已迫在眉睫。

（一）企业质量文化的概念

企业质量文化是指被企业的所有员工群体所共同享有的质量价值观、态度、道德和行为规范的统一体，是企业在产品的长期生产和经营活动中逐步培育和发展形成的，具有本行业本企业自身的特点，为企业所有员工共同遵循并不断发展和创新的思想、活动、氛围等规律性、周期性的规范，主要有四个层次和内容：物质层面、行为层面、制度文化、道德观念。质量文化的不同层面之间是相互作用和影响的，也是相互关联的，比如物质文化层面想质量环境好，质量的各个环节比如就自动规范产生基本的价值观念，浅表层是基础，较深层的是手段和措施，深层的是目的。其基本特征：

①实践性：企业质量文化涉及各种客观经营活动，具有一定实践性，指导着企业的良性发展，员工的身心健康，促使每位员工和部门融入渗透，参与其中，经得起实践。

②一致性：企业质量文化与企业文化目标几乎是一致的，都是为了激发员工的使命感和责任感、荣誉感、归属感。

③凝聚性：企业质量文化是企业有没有凝聚力的体现，也是满足员工精神寄托向往的支柱。

④激励性：企业质量文化能提高员工素质，影响员工的创新发展思维，改善心智和行为。提升企业和员工的质量价值观、增强产品品牌意识、提高企业社会影响力。

⑤行业现实性：每个行业在不同时间有不同需求。从基本特征可以看出，企业质量文化主要有：导向功能、凝聚功能、激励功能、辐射和现实功能。

（二）企业质量文化建设基本要素

一次成功是偶然（运气），十次成功是必然（管理），百次成功是自然（文化）。做好企业文化建设，其核心就是做好企业质量文化建设。其基本要素：

①质量承诺。企业应建立健全包括质量目标、质量价值观等在内的质量承诺，保证产品质量合格安全放心，让员工和客户安心。

②规范及标准、规程。企业应当制定和采集本企业生产的产品相关标准及规范，是质量承诺做出具体的体现及技术要求。规程是将规范及标准程序化、流水化。

③质量奖惩。好的积极的东西都是激励出来的。对员工和客户都应在质量方面做出突出贡献者给予奖励，起到示范作用，对不利质量发展的人和行为发现后应当杜绝，必要时要处罚和批评。

④质量信息交流与沟通。企业质量管理部门应当对公司的质量信息进行采集、分类分析、汇总后归档，市场业务部应将公司外的质量信息反馈到质量管理部门；其他各个部门应当与质量部门进行沟通和交流，将质量信息传递出去。

⑤教育培训与改善。企业和车间应当对质量进行定期总结，最好以例会的形式进行固定，找出质量问题和需改进、完善的地方，特别是质量事故，使员工从中汲取宝贵的经验教训，从而采取一定的措施和手段，提高员工的质量知识行为和能力。

⑥质量活动参与。所有员工都应该意识到自己也是产品质量和服务质量的贡献者。应当主动参与或融入公司的质量体系中去，发挥自己的特长。员工的参与是最直接的客观的，他们的素养就是公司的精神形象，他们的质量价值观直接反映出企业的质量文化氛围和气质。质量过程是永恒持续发展推进的过程，需要他们的参与和不懈努力。

⑦系统观点。企业需设置质量相关机构，明确各自的职责，横向到边、纵向到底，无死角。建立质量相关制度，将质量活动规则化。采取ISO9001质量管理体系，将质量的核心理念和战略理念深入企业骨髓。

⑧审查与评价。涉及建设就会有评审，质量文化建设也不例外，在

这个过程中就要采取有效的评价方法。对质量绩效不良现象找出影响因子，给予一定的控制手段和方法，采取相应的措施以便更加完善合理。

（三）企业质量文化建设的原则和推动与保证

在质量文化建设中，要尊重质量文化建设的规律，坚持质量文化建设的基本原则，主要为：

①质量第一的原则。在总体规划布局下，做到质量文化可持续发展，必须坚持质量第一的原则，在建设和发展过程中，始终把发展质量放在首要位置，决不能触碰质量的底线和红线，质量控制不好，就易造成产品销售难和安全和环境事故，得不偿失，所以要毫不动摇地坚持质量第一的原则。

②坚持以人为本的原则。人是质量文化建设的主体，员工是企业的主人翁，要培养员工的素质，提高他们的质量文化业务水平，充分发挥员工在质量活动中的主动性、积极性和创新性。

③坚持企业形象和品牌效应的原则。企业需要把企业形象和品牌当成企业的生命，如海尔的厂长张瑞敏在1985年"砸冰箱"事件成为中国企业对企业形象和品牌的质量意识的觉醒。

④领导和追求的原则。领导层对质量文化建设要做出表率，亲力亲为，质量无小事，要把公司的质量意识和方针贯彻下去，让员工提出意见进行归纳总结。把企业的质量鲜明个性突显出来，不断改善和发展，追求更加卓越的、完美的质量成效，让企业的质量文化健康发展。

推动与保证企业质量文化建设，具体表现在以下三方面：

①规划布局。企业需充分认识到质量文化建设的连续性、多变性等，建立近期、中期、长期的阶段性布局规划。应由企业质量最高负责人建立或组织制定并实施，有计划、系统地按部就班地科学建设，由质量部门及相关部门严格执行。

②保证条件。企业要为质量文化建设提供强有力的保证，创造氛围，首先要设立机构，赋予领导职能，再次确定具体的负责人员，责任到

人，然后要保证充足的资金投入支持，让其运行，最后配置相应的质量文化信息传播途径，能让所有的员工都知道公司的企业质量文化建设的方向和目标。

③加强主力干部和储备人才的培养。企业质量文化建设不是一成不变的，而是不断发展和前进的，其过程是艰难和复杂的，所以要加强骨干干部和储备人才的培养，让其成为其他员工的指导教师，并在发展中将后备力量的作用发挥出来。

（四）质量文化建设的措施和步骤

为了有效地建设企业质量文化，需有条不紊地采取一些措施和步骤，逐步地开展起来。

①设置领导机构，确立领导人。应当将企业的主要责任人设置在质量文化建设的机构层的核心领导地位、质量部负责人设置为常务事务人，人事负责人等设置在副职领导地位，确保机构处于运行状态，由质量部负责具体的质量日常工作。公司要加强领导机构的管理力度，保证管理层的管理措施到位。

②质量制度的建设。质量制度的制订是保证质量文化建设的依据，要做到有法可依、有法必依、违法必究、执法必严，特别是要把岗位责任制贯穿于质量管理的全过程。质量制度是质量活动的行为准则，对岗位的规范也是最好的保证措施。企业的质量制度是企业质量文化外在的行为规范，起着约束企业所有成员的质量行为、维持企业组织的质量活动正常秩序的作用。

③加强质量意识的培训，提高质量意识宣传力度。质量意识的教育和培养关系到企业质量文化建设能否长期发展和创新，是非做不可的事情。培训的内容主要是企业的质量目标、方针、方法等，通过质量培训得到经验教训，让员工有针对性地提高质量意识改进薄弱环节。

④付诸实践。质量文化建设是企业实现零投诉的必由之路，是质量管理活动的高水平工作，超越了传统的解决质量纠纷的根本途径。

（五）企业质量文化建设评价标准

质量文化是企业质量管理的基础，也是企业实施质量战略的重要支撑。评价企业质量文化建设是否成熟，需有一定的标准，根据质量文化建设的特点，参考 DB4406/T 8—2021《企业质量文化建设成熟度评价规范》，主要有以下几个方面：

①基础特征：如质量文化状态、企业质量形象和质量品牌意识，员工素质、质量氛围等。

②质量承诺：如质量承诺的内容、承诺的认可等。

③质量管理：比如质量文化建设的机构是否设置，核心领导是否进入并参与、制度是否建立并执行，管理效果能否满足。

④质量环境：目前从国内外普遍操作来看，还是采用 ISO9001 质量管理体系，更能获得客户的满意和提高员工的积极性、能动性。

⑤教育培训和宣传：质量教育培训的内容、培训方式、培训效果等能否满足要求，要做到有针对性、有感染力和号召力，不能流于表面形式。

⑥质量参与质量行动的激励机制：从激励机制的方式、效果、机制刺激员工的质量参与，使员工或客户积极主动参与质量会议，相互沟通与交流，维护品牌质量。

⑦不同层面的质量活动：决策层需公开承诺本企业的质量目标和方针，不断履行其责任，管理层要指导下属去执行并完成决策层的安全承诺，员工层要有专业的质量业务水平，提高质量意识，规范质量行为。不同层面相互交叉或平行地不定期或定期地召开质量评定活动。

（六）质量文化建设评价程序

首先应成立评价组织机构及实施机构，由此机构确定评价人员和工作小组，根据需要聘请相关专家和顾问，明确其工作任务和工作要求，根据 DB4406/T 8—2021 制定"评价工作实施方案"，包括采用评价方法如调查问卷、现场调查等和评价的样本、实施计划等内容，并送组织机构批准。将评价通知下达在评价方案的文本里，包括评价的对象与评价目的、评价性质、评价的内容。评价对象收到通知后应进行自我评价，先收集和整理需进行评价的资料，对评价的资料进行认真检查整理，确保评价资料的系统性和完整性。对上述评价满意后提交评价工作组评价，评价人员核查相关资料和材料，根据 DB4406/T 8—2021 建立一定的模型，采取相应的评价方法，对接触的人员和资料进行评价。有评价就有评价报告，按照规范格式撰写，得出评价结果。将评价结果反馈给质量文化建设的相关部门，让他们提出意见，交流后完善其报告。评价工作小组召集所有人员进行总结交流，对评价出不合理的内容落实整改方案。

综上所述，企业质量文化建设需从质量价值观入手，坚持以人为本、质量第一的原则，借助质量管理等体系，让领导层的核心人员高度重视并参与进来，通过教育培训和宣传，在质量文化建设中不断归纳总结并完善机制，不断创新发展，追求更加卓越的质量，从而保证质量文化建设良性发展。

## 二、相同点

### （一）追求卓越

无论是民办本科院校还是企业，质量文化的核心理念都在于追求卓越。这些机构和组织都致力于不断提升教育质量或产品质量，以满足学生和客户的需求。这种追求卓越的精神体现在各个方面，从课程设置到师资队伍建设，从生产流程到质量控制，都力求达到更高的标准。无论是课程内容的更新与优化，还是教学方法的创新与改进，民办本科院校都在努力为学生提供最优质的教育资源。教师队伍的建设同样重要，通过引进高水平的教师、加强教师培训和职业发展，院校不断提升教学质量和学术水平。

同样，企业在追求卓越的过程中，也注重每一个细节。从生产流程的设计与优化，到质量控制的严格把关，企业力求在每一个环节都达到最高的标准。通过采用先进的技术和设备，企业不断提高生产效率和产品质量，确保客户能够获得满意的产品和服务。此外，企业还注重员工的培训和发展，通过提升员工的专业技能和综合素质，进一步提高整体的工作效率和产品质量。

无论是民办本科院校还是企业，都应该把追求卓越的精神贯穿于他们的每一个决策和行动中。这种精神不仅体现在对教育质量或产品质量的不断提升上，还体现在对客户需求的深入理解和满足上。通过不断改进和创新，这些机构和组织努力在激烈的竞争中脱颖而出，赢得市场的认可和客户的信任。

（二）重视过程管理

无论是民办本科院校还是企业，两者都高度重视过程管理的重要性，并且注重流程的优化和改进。在民办本科院校中，这种重视体现在对教学质量、课程设置、师资队伍等方面的持续改进和提升。院校会定期评估教学效果，调整课程内容，以确保其与时俱进，满足学生和社会的需求。同时，院校也会不断引进和培养优秀的教师，提高整体教学水平。而在企业中，过程管理则体现在生产流程、质量控制、产品研发等方面的精细化管理。企业会通过引入先进的生产技术和设备，优化生产流程，提高生产效率和产品质量。质量控制部门会严格把关，确保产品在每一个环节都符合标准。产品研发团队则会不断探索新技术、新方法，以推出更具竞争力的产品。通过不断优化流程，无论是民办本科院校还是企业，都能确保教育和产品的质量能够持续提升，从而在激烈的竞争中保持优势。

（三）强调持续改进

质量文化的核心在于倡导一种持续改进的理念。无论是民办本科院校还是企业，都必须不断地进行反思、学习和改进，以适应不断变化的市场需求和学生需求。这种持续改进的精神，促使组织不断地向前发展，保持其在市场中的竞争力。

在民办本科院校中，持续改进的理念体现在教学方法、课程设置、师资力量等方面。教师需要不断更新自己的知识体系，改进教学方法，以提高教学效果。课程设置也需要根据市场需求和学生需求进行调整，增加实践性、应用性强的课程，提高学生的就业竞争力。此外，院校还需要不断引进优秀的师资力量，提高整体教学水平。

在企业中，持续改进的理念体现在产品和服务质量、生产效率、管理水平等方面。企业需要不断改进产品和服务质量，以满足消费者的需求。同时，通过改进生产流程和引入先进的生产设备，提高生产效率，降低成本。此外，企业还需要不断改进管理水平，提高员工的工作效率和满意度，从而提高整体竞争力。

这种持续改进的精神，不仅能够促使组织不断进步，还能够帮助组织在激烈的市场竞争中保持优势。只有不断地进行反思、学习和改进，组织才能在不断变化的市场环境中立于不败之地。

## 三、不同点

### （一）目标导向

民办本科院校的质量文化主要关注学生的全面发展，注重培养学生的综合素质和能力；而企业的质量文化则更加关注产品的质量和市场竞争力，以满足客户的需求和期望。民办本科院校的目标是培养具有全面能力的人才，而企业则更注重产品和服务的市场表现。民办本科院校在教育过程中，不仅重视学生的学术知识，还注重培养学生的创新思维、实践能力和团队合作精神。通过丰富的课外活动、社会实践和实习机会，学生能够在多方面得到锻炼和提升。与此同时，民办本科院校还强调学生的道德修养和人文关怀，努力培养具有社会责任感和国际视野的高素质人才。

企业的质量文化则更加关注产品的质量和市场竞争力，以满足客户的需求和期望。企业通过建立完善的质量管理体系，确保产品和服务的质量达到行业标准，甚至超越竞争对手。企业注重市场调研和客户反馈，不断改进产品设计和生产工艺，以提高产品的市场竞争力。同时，企业还注重品牌形象和客户体验，通过提供优质的服务和售后支持，赢得客户的信任和忠诚度。企业追求的不仅是短期的经济效益，更是长期的品牌声誉和可持续发展。

（二）利益相关者

在民办本科院校的运营过程中，利益相关者群体主要包括学生、教职工、校友以及社会各界人士。这些利益相关者各自对院校的质量文化有着不同的需求和期望。学生作为教育服务的直接受益者，期望获得高质量的教育资源和良好的学习环境；教职工则希望院校能够提供稳定的工作环境和合理的待遇；校友则关注院校的声誉和发展，希望院校能够持续提升教育质量，增强其母校的影响力；社会各界则期望院校能够培养出符合社会需求的高素质人才，推动社会进步和发展。

与此同时，在企业运营中，利益相关者主要包括客户、股东、供应商和员工等。客户关注产品的质量和售后服务，希望企业能够提供满足其需求的优质产品和服务；股东则关注企业的经济效益和投资回报，希望企业能够实现持续赢利和股价上涨；供应商关注合作的稳定性和付款的及时性，希望企业能够按时支付货款，保持良好的合作关系；员工则期望企业能够提供有竞争力的薪酬福利和良好的工作环境，实现个人职业发展。

因此，无论是民办本科院校还是企业，都需要充分了解和平衡不同利益相关者的需求和期望，以确保其质量文化的建设和持续改进。民办本科院校需要在满足学生和社会需求的同时，不断提升教育质量和管理水平；而企业则需要在平衡客户、股东和员工等多方利益的基础上，实现可持续发展和长期稳定经营。

（三）文化特色

民办本科院校的质量文化通常与学校的办学理念和特色紧密相连，形成一种独特的文化氛围；这种文化氛围不仅反映了学校的教育理念，还体现了学校的办学特色。与此同时，企业的质量文化则更多地与企业的核心价值观和品牌形象紧密融合，形成一种具有企业特色的文化氛围。这种文化氛围不仅展示了企业的核心价值观，还彰显了企业的品牌形象。

民办本科院校的文化特色主要体现在其教育理念和人才培养模式上。学校的教育理念决定了其办学方向和教育目标，而人才培养模式则具体体现了学校的教育理念和办学特色。通过独特的教育理念和人才培养模式，民办本科院校能够培养出具有创新精神和实践能力的人才，从而形成具有学校特色的文化氛围。

企业则通过其产品和服务来体现其文化特色。产品的质量和性能反映了企业的技术水平和创新能力，而服务的质量和水平则体现了企业的服务理念和管理水平。通过优质的产品和服务，企业能够赢得消费者的信任和认可，从而形成具有企业特色的文化氛围。这种文化氛围不仅能够提升企业的品牌形象，还能够增强企业的市场竞争力。

综上所述，民办本科院校质量文化与企业质量文化在追求卓越、重视过程管理和强调持续改进等方面具有相似之处，但在目标导向、利益相关者和文化特色等方面则存在明显的差异。这些异同点反映了不同组织在质量管理方面的不同需求和特点，也揭示了质量文化在不同环境中的多样性和复杂性[1]。

# 第三节　民办本科院校质量文化价值追求

---

[1]中国质量协会. 质量文化建设方略[M]. 北京：中国标准出版社，2011.

大学质量文化，作为一种在高等教育内涵式发展中不可或缺的"柔性"价值建设和"刚性"制度保障，深刻地反映了特定时期内经济社会发展的特征和核心需求。在当今时代，高质量发展已经成为我国经济社会发展的显著主题，这种追求不仅注重效益优先，还强调社会公平的质量文化，与"以质量求生存、以特色求发展"的民办本科院校质量文化相互融合，共同构成了新时期民办本科院校建立和完善质量文化体系的根本价值追求。这种文化体系的建设，不仅有助于提升教育质量，还能够促进社会公平，推动高等教育的均衡发展，为我国经济社会的高质量发展提供坚实的人才支持和智力保障。

**一、全面贯彻党的教育方针，坚持社会主义办学方向**

为了办好民办教育，首先必须在涉及办学方向的关键问题上表现出坚定的立场。在构建和形成高质量发展的教育质量文化的过程中，我们必须始终坚持社会主义的办学方向，自觉地将党的领导贯穿于办学理念、办学定位、办学特色以及质量保障等各个方面。这样做的目的是进一步推动民办本科院校党的组织和工作的全面覆盖，从而引领民办本科院校始终坚守教育"为人民服务、为中国共产党治国理政服务、为巩固和发展中国特色社会主义制度服务、为改革开放和社会主义现代化建设服务"的宗旨。

我们必须始终坚守"为党育人、为国育才"的初心和使命。在依法规范办学的过程中，我们要自觉地贯彻社会主义大学的人才培养目标，严格遵守国家对民办教育事业所制定的相关法律法规。在提升人才培养质量方面，我们要清晰地认识到党赋予民办本科院校党委的根本任务，全面贯彻党的教育方针，加强学校思想政治教育工作，致力于培养德智体美劳全面发展的社会主义建设者和接班人。通过这些措施，我们能够确保民办教育事业沿着正确的方向前进，为国家的发展和社会的进步做出更大的贡献。

## 二、维护受教育者的利益，秉持教育公益性原则

为了推动民办本科院校的高质量发展，我们必须坚守教育公益这一核心属性。正如习近平总书记所强调的，我们必须坚持教育的公益性原则，并将教育公平作为国家的基本教育政策。在努力推进高质量发展的过程中，民办本科院校应当坚定地树立起公益性的办学理念，加强公益意识，确保教育的公平性，从根本上与国家和社会的公共利益保持一致。同时，民办本科院校应自觉保护受教育者的权益，摒弃那些盲目追求利润的功利性行为，从而实现公共利益这一最为重要的办学目标和育人功能。

当然，教育作为一种公益事业，其影响并不仅限于教育活动本身，它还广泛地作用于整个社会。民办本科院校作为地方性、应用型的高等教育机构，其服务对象主要是地方经济社会发展的需求，这成为其积极投身公益办学事业的另一个重要切入点。因此，民办本科院校可以通过加强与企业的合作、推动产教融合，在丰富实践育人资源的同时，无形中提升自身的美誉度和影响力。这不仅有助于重塑民办本科院校的内在质量文化和育人品牌，也为民办本科院校的发展提供了新的契机。通过这些努力，民办本科院校将能够更好地服务于地方经济社会的发展，为培养更多高素质的应用型人才做出贡献。

## 三、坚持"学生成长发展"育人主线，凸显立德树人重要使命

在当今这个教育高质量发展的时代背景下，更加凸显了立德树人这一根本任务的重要性。因此，民办本科院校在重塑和建构其内在质量文化的过程中，必须坚持"德育为先、学生中心、服务成长、助力发展"的核心价值取向。这意味着，民办本科院校应当将促进学生的成长和发展作为其育人工作的主线，贯穿于教育教学的各个环节。

民办本科院校作为地方转型发展的应用型高校，其办学方向和育人目标应当是培养出能够更好地服务于地方经济社会发展的应用型人才。

这一目标决定了民办本科院校在质量文化建设方面，必须着眼于地方建设和发展对人才的具体需求。通过深入了解和分析地方经济社会发展的特点和趋势，民办本科院校可以更有针对性地调整和优化其教育教学内容和方法，以满足地方对各类人才的需求。

此外，不断优化内部教学质量监控与保障机制是民办本科院校质量文化建设的根本保障。只有建立起一套科学、合理、有效的教学质量监控与保障体系，才能确保教育教学质量的持续提升。这包括建立健全的教学质量评估体系、教学督导制度、学生评教机制等，通过这些机制的运行，及时发现和解决教育教学过程中存在的问题，不断提高教育教学质量。

在探索推动民办本科院校建立高质量发展文化的过程中，既要引导学生认识到自身的成长发展自觉性、全面性，也要引导教师将自身专业化、高素质发展与学校提升办学质量、育人水平相结合。这意味着，学校应当通过各种途径和方式，激发学生的学习兴趣和内在动力，培养学生的自主学习能力和创新思维能力，使学生在学习过程中能够主动探索、积极思考，从而实现全面发展。

同时，学校还应当关注教师的专业成长和发展，为教师提供各种培训和学习机会，帮助教师不断提升自身的教育教学能力和科研水平。通过建立教师发展中心、教师专业成长档案等措施，鼓励教师积极参与教育教学改革和科研活动，不断提高自身的专业素养和教育教学水平。

最终，将学校质量文化建设与教师的幸福感、成就感、荣誉感形成内在关联。这意味着，学校应当通过各种措施，营造一个积极向上、和谐融洽的校园文化氛围，让教师在教育教学过程中感受到职业的幸福感和成就感。通过建立健全的激励机制和评价体系，充分肯定教师的辛勤付出和取得的成绩，让教师在教育教学工作中获得更多的荣誉感和成就感，从而更好地推动学校质量文化的建设和发展。

**四、突出优势特色，倡导差异化发展**

"以质量求生存、以特色求发展"，这句格言已经成为众多民办本科院校在办学理念和发展途径上的共识。随着地方经济社会的快速发展，对于多样化、复合型高素质人才的需求变得越来越强烈。同时，人民群众对于个性化、多元化的优质高等教育的需求也在不断增长。在这种背景下，民办本科院校在建立和形成内在质量文化的过程中，必须以新科技革命和产业变革为动力，深刻把握教育的多样化、个性化、终身化、现代化等发展趋势。这些院校需要围绕地方经济发展需求，合理定位应用型人才培养目标，通过增强特色，找准目标定位，实现差异化发展。只有这样，才能以优质、特色的人才培养成效，更好地满足经济社会发展和产业转型升级对创新人才的需求，从而实现不断提升民办本科院校服务地方经济社会新发展格局的能力①。

---

①宋晓洁.民办本科高校教学质量保障体系研究[D].南宁：广西师范学院，2017.

# 第五章　民办本科院校教学质量保障体系建设

在当今高等教育日益多元化的背景下，民办本科院校作为教育体系中的重要组成部分，其教学质量直接关系到国家人才培养的质量与社会的持续发展。本章将深入探讨民办本科院校教学质量保障体系的建设，旨在为其可持续发展提供坚实的理论基础与实践指导。

## 第一节　民办本科院校教学质量概述

### 一、教学质量与教学质量保障体系概念界定

#### （一）教学质量

在学术界，"教学质量"这个概念众说纷纭，没有形成一个统一的定

义。代表性的观点主要有以下几方面：一是认为教学质量主要指学生的质量，比如瑞典教育家胡森（T.Husen）认为："质量是指教育的产品，而不是指生产出这些产品的资源和过程。"二是注重教学过程的质量，比如国内部分学者认为"教学质量是指教师在课堂授课过程中满足学生明确及隐含需求的特性之和"。三是主要看教学效果，比如马红霞等学者认为，"教学质量就是指学生知识、能力、素质的变化与教学目标的符合程度"；张卓认为教学质量是"教师的'教'和学生的'学'满足既定教学目标的程度"。四是强调教学质量的综合性，认为"教学质量是一个综合指标，它是由上课教师的教授质量、学生的学习质量和教学管理部门的管理质量组成的。在形成教学质量诸因素中又有主次之分，其中教授质量和学习质量在教学质量形成中起重要作用，同时这两者在教学质量的形成中也不是等值的，其中教授质量起主导作用，是教学质量的主要体现"。本研究认同教学质量的综合性，认为教学质量涉及教学系统的各个方面，单纯从教学目标、教学过程或教学效果等某一方面来解释教学质量都是值得商榷的。

本研究中的教学质量是指遵循教育规律，通过学校整个教学系统各个环节和要素的综合作用，使学生的德、智、体、美、劳等方面的发展符合学校的人才培养定位和教学目标、满足学生个性发展和经济社会发展需要的程度。这个概念主要具有以下三方面内涵：

首先，教学质量表现在满足经济社会发展的需要上。教学质量是一个动态变化的概念，不同的历史时期因为生产力和科学技术发展水平不同，对学校所培养人才的质量有不同的标准和要求，因而反映在对教学质量的标准和要求上也就不同。但是，每一时期都要求学校所培养的人才、学校的教育教学质量应当适合当时的生产力发展水平、科学技术发展趋向及统治阶级的需要。因此，教学质量表现为高校所培养的人才质量达到社会的要求，能够满足经济社会发展的需要。而社会对人才的需求分很多层面，有研究型人才需求、有复合型（或通识型）人才需求、有应用型（或技能型）人才需求、有一线技术工人需求等等。在讨论教学质量时，首先要分清高校的人才培养定位，弄清高校是为满足社会的哪些需求的。我国当前的民办本科院校办学时间短、基础薄弱，在国家极力"引导部分地方普通本科高校向应用型转变，培养大量生产服务一线紧缺的应用型、复合型、创新型人才"的背景下，毫无疑问应当积极响应国家的号召，这也是民办本科院校得以生存发展的价值所在。

其次，教学质量是在教学工作过程中形成的。按照全面质量管理的观点，教学质量首先是教学工作质量的综合反映，工作质量是教学质量的保证和基础，因此要通过改进教学工作，通过不断提高教学工作质量来保证和提高教学质量。教学质量的形成与产品质量的形成类似，需要经过多道"工序"（或环节），会受多种因素的影响。教学质量的形成一般要经过招生、制定人才培养方案和教学计划、安排落实教学任务、开展教育教学等过程，其间还包括教室、实验室、教学仪器设备、图书资料等建设与配备等辅助工作过程，最后还包括用人单位使用毕业生的过程等。而其中最复杂的教学过程包含学生、教师、教学内容与教学方法、教学条件与环境，以及教学管理等基本要素。因此，教学质量的形成是一个系统工程，要提高教学质量就必须了解教学质量形成过程中的各个环节、各个要素的作用，抓好各个环节与要素的质量，同时注意协调各个环节、各个要素之间的关系，提高系统的整体性能，从而达到提高教学质量的目的。

最后，教学质量还体现在最终的教学效果上，体现在学生身上。具体可以从三个维度进行衡量：一是学生的知识、能力、素质是否达到了预期的目标；二是社会的满意度，即毕业生是否受到用人单位的欢迎；三是毕业生自己的满意度，即是否实现了自身的发展需求。

（二）教学质量保障体系

"所谓高等教育质量保障体系，是建立在高等教育质量保障机构和活动基础之上的有关要素相互联系、相互制约而构成的有机整体；是国家、社会和高等教育机构为对教育质量实施持续有效的质量维护、改进和提高而建立的管理体系"。从实践来看，高等教育质量保障体系由外部质量保障体系和内部质量保障体系两部分构成。外部质量保障体系主要是由政府或社会第三方机构所实施的对高等学校进行的质量审计与评估，是学校外部的评价与监督。内部质量保障体系是由高校自身实施的保障高校办学目标的实现和不断提高质量的持续改进的系统。

高校教学质量保障体系是高校内部质量保障体系下的一个子系统。本研究中的教学质量保障体系是指：高等学校为了保障自身的教学质量而建立的一个能够持续改进教学质量形成的各个要素的质量和从人才培养目标出发，把人才培养的各个阶段、各个环节的职能组织起来，围绕人才培养活动，动员各利益相关者全员全方位全过程参与，并实时根据相关质量标准进行评价与诊断，及时纠正偏差，从而实现人才培养工作的持续改进，最终保障人才培养目标的实现的一个质量管理系统。这个概念强调两方面内涵：一是能够持续改进教学质量形成的各个要素的质量；二是能够持续改进人才培养各个教学工作环节的质量[①]。

### 二、民办本科院校教学质量保障体系的特点

在内部管理体制保障上，不同于公办高校实行的党委领导下的校长负责制，民办本科院校一般采取董（理）事会领导下的校长负责制。民办本科院校这一特殊的内部管理体制使得最终符合董事会的根本利益，符合市场需求。

在管理模式保障上，不同于公办学校的金字塔式管理结构，民办本科院校由创业初期趋同于公办高校的金字塔管理模式到后期规模扩大向扁平化管理模式变革。扁平化将金字塔状组织形式"压缩"，以跨职能部门的"项目"为连带体，以目标管理责任制为保障，最终保障民办本科院校教学质量。

---

①赵海峰.民办本科高校教学质量保障体系建设研究——基于浙江省民办本科高校的调查分析[D].厦门：厦门大学，2020.

在价值取向上，不同于公办高校以公益性特征为主的价值取向，强烈的市场意识，是民办本科院校发展的根本特性。为了生存与发展，民办高校都不得不进行企业化运作。鉴借企业的运作模式和经营理念，促使民办本科院校办学体制出现与市场相适应的价值取向，与市场主动接轨，更好地服务区域经济的发展。

在反馈机制上，与公办高校教学质量保障体系不同，民办本科院校的教学质量保障体系是以内外反馈体系的建立为主线，以董事会（或理事会）决策体系为核心，对教学质量目标体系进行适时调控，根据外部环境变化，将新的教学质量目标体系反馈到教学质量保障体系，最终保障教学质量。民办本科院校的决策体系和反馈体系独立于内外部质量保障体系之外，如此使得两者对外部环境的反映不同。公办高校虽考虑了环境的影响，但对环境变化的反映是被动的，当环境发生变化时，普通高校会适时调整内部体系以维持原有目标体系的稳定。而民办本科院校与公办高校至少有两方面不同。第一，与公办高校—政府为主导的外部质量保障体系不同，民办本科院校的外部质量保障体系包括了自然经济环境、政府、市场、评估中介机构、社会（包含投资方）。第二，在反馈机制中，与公办高校不同，民办本科院校的教学质量反馈体系是内反馈体系和外反馈体系相互作用的[①]。

### 三、民办本科院校教学质量保障体系构建的必要性

由于民办本科院校教学质量存在一系列问题，且民办本科院校有着自身的特殊性，因此有必要构建适合民办本科院校自身特点的教学质量保障体系，有利于促进产教融合、校企合作，培养应用型人才，更好地服务区域经济社会发展。

（一）民办本科院校自身的特殊性

民办本科院校应找准最佳生态位。民办本科院校隶属"普通本科高

---

①宋晓洁.民办本科高校教学质量保障体系研究[D].南宁：广西师范学院，2017.

校"范畴，但更多具有"民办"的特征，虽民办本科院校办学条件不断改善，但在发展的过程中也遇到校舍、师资、设备、生源等办学方面的种种困难，教学质量很难得到保障，不利于民办本科院校的长远发展。其教学质量不能单纯从公办本科高校比较中得出的结论，也不能单纯参照同类院校的教学质量衡量标准，应该用多元的、动态发展的眼光来看待其教育质量问题，应持客观、公正和合理的态度，应用型的办学定位，不代表质量低，更不是对民办高等教育质量降低要求，因此应构建适合民办本科院校自身特点的教学质量保障体系，这来自于民办本科院校自身发展的内生动力。

（二）有利于产教融合、校企合作

通过构建民办本科院校教学质量保障体系，有利于增强产教融合、校企合作。一是有利于融合和合作观念上的创新，只要符合转型发展的政策和高校自身特点，合作形式应该是多元的，可以是为服务企业、行业而在高校部建立专业集群，也可以是高校在企业、行业、产业集聚区进行实地教学，更可以通过"任务驱动，行为引导""项目+竞赛"等方式实施专业教学等；二是有利于快速突破校企合作、产教融合，加强高校相关行业产业、企业的沟通与交流，以避免盲目寻找合作伙伴；三是有利于在相关政策导向扶植力度之下，提高专业教师对校企合作、产教融合的认识程度，使之成为产教融合、校企合作的倡导者、引导者和主导者，增强教师与企业行业的紧密联系，从而实现产业促进专业，专业反哺企业，通过以上途径实现多方共赢。

（三）培养应用型技能人才的需要

在全面融入世界经济体系的过程中，我国经济长期持续快速发展，中国经济信息化与产业化深度融合，需要培养出拥有新知识、应用新技术、创新能力等素质的复合型、创新性、技术型人才。而现实是与"中国制造2025""互联网+"等战略性新兴产业相关专业人才短缺现象频发，人才结构失衡问题严重，"中国经济发展需要大量应用技术人才，在这类人才所需的知识结构中，技术类所占比重一般在50%—70%"。应用型人才短缺给经济转型发展带来了严峻考验，且高等教育承担的四大任务之———人才培养，包括培养教学型、学术型、技能型、应用型人才的任务，这使得民办本科院校必须按照层次类别进行定位，培养应用技能型人才，构建民办本科院校教学质量保障体系以保障应用技能型人才质量，提供强有力的人才支撑。

（四）服务区域经济社会发展需要

民办高等教育系统要具备生态适应性功能，应该要适应当时当地的政治、经济发展需求，适应市场需要、服务区域社会经济发展。通过构建民办本科院校教学质量保障体系，一方面在学科专业建设方面，可以建立适应当地经济社会发展与产业结构调整要求的、灵活多样的专业进退调控机制，优化调整学科专业结构；第二，在人才培养模式方面，各区域民办本科院校可以当地人才市场需求为改革动力，对接区域经济产业行业需求，推进人才培养模式改革，完善实践教学体系建设，提高人才培养质量；第三，在质量工程项目建设方面，以特色专业、精品资源共享课等质量工程项目建设为着力点，加入全国性的"应用技术大学（学院）联盟"和"区域高校转型发展联盟"，培养急需人才。

# 第二节　民办本科院校教学质量现状

## 一、民办本科院校教学质量存在问题分析

本研究的分析依据是建立在高等学校教学质量年度报告发布制度之上的2024年度民办本科院校本科教学质量报告。

随着"985"高校、"211工程"高校和普通本科高校在响应教育部

的要求下陆续公布《本科教学质量报告》，高等学校质量年度报告发布制度逐步建立。民办本科院校《本科教学质量报告》的发布有利于形成政府宏观管理、民办本科院校自主办学、社会广泛参与的良好格局，进一步保障其教学质量。根据教育部要求，《本科教学质量报告》应重点体现本科教育基本情况部分、师资与教学条件部分、教学建设与改革部分、质量保障体系部分、学生学习效果部分、特色发展部分、需要解决的问题部分等七方面内容，同时应包含文件中所公布的25个支撑数据。

2024年度民办本科院校的《本科教学质量报告》是民办本科院校对其教学质量的客观真实呈现，选取2024年度民办本科院校本科教学质量报告作为研究媒介，进行文本分析，找出民办本科院校教学质量存在的共性问题，更客观有说服力地去分析民办本科院校教学质量存在的问题，也为分析和构建民办本科院校教学质量保障体系提供现实依据。

现收集129所民办本科院校2024年度本科教学质量报告（资料来自于各省级教育厅和各高校官网）进行分析汇总研究，找出我国民办本科院校教学质量存在的问题，根据spss的资料收集（Data collection Data Entry）功能，录入每所高校存在的问题，计算出民办本科院校亟待解决的问题以及问题所占比例。

（一）师资队伍稳定性较低，教师素质和能力亟须提升

通过对质量报告的分析研究，根据spss的资料收集（Data collection Data Entry）功能，录入129所民办本科院校存在的问题，计算出82.8%（约107所）的民办本科院校存在师资队伍稳定性低，素质能力有待提高的问题。其中在民办本科院校集中分布的第一层次（11-15所）中，湖北、辽宁、河南、山东、黑龙江等5个省份占比27.3%；民办本科院校分布的第二层次（6-10所）中，陕西、福建、广东、四川等7个省份占比44.1%；民办本科院校分布的第三层次（1-5所）中，湖南、江苏、上海、浙江、广西等13个省份占比28.6%。

民办本科院校师资队伍不稳定现象频发，在重庆、云南、广西、宁夏等省份的高校尤其明显，一是民办本科院校聘用教师中，离退休教师和兼职教师所占比例大，流动性大；二是民办与公办高校在专业发展、薪资水平、退休保障等方面有一定差异，教师保障制度和公共服务体系不健全，使得民办本科院校专任教师也缺乏稳定性的现象。

师资队伍结构不合理、素质能力待提高等问题表现在：一是总体数量不足，专任教师数量少、比例小，专任教师占总体教职工的比例平均水平在38.5%左右。；二是年龄层次上，中年骨干所占比重较小；三是学历层次上，高层次人才匮乏，具有海外留学进修工作经历的教师较少；四是在职称层次上，职称层次分配不合理；五是从教师专业发展层次来看，民办本科院校为保证经济成效，用来投入教师培训和教师发展的费用也相对较少，师资队伍培训也存在不合理现象，"双师型"教师缺乏，"双师型"队伍建设还不完善。比如在民办本科院校分布第三层次（1-5所）中，上海4所民办高校中，从教师的数量与结构来看，上海杉达学院和上海剑桥学院都存在教师队伍的数量不足、教师的总体素质依然有待提高的问题。

（二）人才培养模式趋同，学科专业设置缺乏独立思考

通过对质量报告的分析研究，根据spss的资料收集（Data collection Data Entry）功能，录入129所民办本科院校存在的问题，计算出79.3%（约102所）的民办本科院校存在人才培养模式趋同，学科专业设置盲从的问题。其中在民办本科院校集中分布的第一层次（11-15所）中，湖北、辽宁、河南、山东、黑龙江等5个省份占比32.4%；民办本科院校分布的第二层次（6-10所）中，陕西、福建、广东、四川等7个省份占比40.1%；民办本科院校分布的第三层次（1-5所）中，湖南、江苏、上海、浙江、广西等13个省份占比27.5%。

对民办本科院校本科质量报告进行统计分析，发现多数高校人才培

养目标、人才培养模式同质化现象严重，在这些民办本科院校的人才培养目标、人才培养模式中，"培养德智体美全面发展""创新性和创业型""应用型""产学研一体""校企合作"等字眼频频出现，但是对于这些人才培养模式的认识不到位，在教学实践中人才培养层次较低，还不能满足应用型人才培养的需要。

在学科专业设置上，每所民办本科院校的本科教学质量发展报告中都列出了特色办学，强调学科专业设置特色化，但是仔细分析发现学科专业建设有很大一部分与公办高校惊人相似，倾向于开设热门专业，不断增加热门专业数量和规模而忽视专业建设质量，如此一来民办本科院校的自身优势就失去意义。再就是优先开设低成本专业，淘汰低就业率专业，专业结构所占比例不尽合理。如四川工商学院以管理学、工学、艺术学为主要学科，在适应区域经济建设和社会发展的过程中，学科专业设置尚未形成有效互动机制，学科专业调控机制也有待完善，建设水平有待进一步提升。

（三）教学经费投入有限，教学条件有待进一步改善

通过对质量报告的分析研究，根据 spss 的资料收集（Data collection Data Entry）功能，录入129所民办本科院校存在的问题，计算出69%（约89所）的民办本科院校存在教学经费投入有限，教学条件有待改善的问题。其中在民办本科院校集中分布的第一层次（11-15所）中，湖北、辽宁、河南、山东、黑龙江等5个省份占比30.0%；民办本科院校分布的第二层次（6-10所）中，陕西、福建、广东、四川等7个省份占比28.4%；民办本科院校分布的第三层次（1-5所）中，湖南、江苏、上海、浙江、广西等13个省份占比41.6%。

这些民办本科院校处于"以学养学"的财政环境下，其办学经费基本仰仗着学生的学费收入，或由于未建立起多方筹措资金的渠道，或由于未在高校内部建立和完善稳定、充足的经费保障机制，使得教学经费不足成为困扰民办高校发展的瓶颈，影响了对教学经费的投入和优秀人

才、拔尖人才的引进，影响高水平大学的实现进程。在云南、黑龙江、辽宁、山西等省尤其存在此类问题，如黑龙江东方学院，属于公益性民办学院，学院发展历史短，没有广泛的社会资源，使得社会捐助和企业赞助很少，仅靠学费收入滚动积累，致使经费紧缺，已成为制约发展的瓶颈问题。

本科质量报告数据显示，在民办本科院校转型发展时期，随着应用型大学的人才培养目标的确立，虽然各高校教学资源投入逐年增加，但仍是表现在生活设施相对完善，而供学生拓展学习、增强创新创业学习的创新创业实训基地、图书馆、网络教学等设施建设仍需改善。

（四）科研能力相对较弱，科研水平有待进一步提升

通过对质量报告的分析研究，根据 spss 的资料收集（Data collection Data Entry）功能，录入 129 所民办本科院校存在的问题，计算出 55.2%（约 71 所）的民办本科院校存在科研能力相对薄弱，科研水平有待提高的问题。其中在民办本科院校集中分布的第一层次（11-15 所）中，湖北、辽宁、河南、山东、黑龙江等 5 个省份占比 28.6%；民办本科院校分布的第二层次（6-10 所）中，陕西、福建、广东、四川等 7 个省份占比 38.2%；民办本科院校分布的第三层次（1-5 所）中，湖南、江苏、上海、浙江、广西等 13 个省份占比 33.2%。

通过对质量报告中支撑数据的查询，我国民办本科院校整体科研竞争力还相对薄弱，除少数民办大学研究成果比较明显以外，还有相当多的民办大学在科研上尚处于初始阶段。并且根据针对中国民办高校 2024 年科研竞争力评价研究报告可以看出，民办本科院校科研主要呈现以下特点：一是学校之间科研发展差异较大。较之公办高校，大多数民办本科院校目前的科研工作和水平尚有很大差距。从单项指标来看，浙江树人大学虽然位于科研竞争力第一名，但是就从知网发表的文章综合来看，2023 年 83 篇，2024 年 21 篇，高水平文章也有很大差距；二是从区域角度来看，位居科研竞争力前列的省份也是民办本科院校居多的省

份，较少的省份科研力量也较为薄弱，科研水平也存在区域发展不均衡的现象。

（五）教学信息化水平较低，应用能力有待加强

通过对质量报告的分析研究，根据 spss 的资料收集（Data collection Data Entry）功能，录入 129 所民办本科院校存在的问题，计算出 36.7%（约 47 所）的民办本科院校依然存在教育信息化建设不足，应用能力有待加强的问题。其中在民办本科院校集中分布的第一层次（11-15 所）中，湖北、辽宁、河南、山东、黑龙江等 5 个省份占比 24.3%；民办本科院校分布的第二层次（6-10 所）中，陕西、福建、广东、四川等 7 个省份占比 40.5%；民办本科院校分布的第三层次（1-5 所）中，湖南、江苏、上海、浙江、广西等 13 个省份占比 35.2%。

在现实中，高校虽积极落实国家深化教育领域综合改革和加快推进教育信息化的明确要求，但在探索教育管理信息化与教育教学改革的融合中，由于对教学信息化建设的重要性认识不够、信息化人才缺乏、对信息化建设的规划和指导不利、信息化建设配套设施不完善等原因，使得教学信息化建设还是不足，应用有待加强。通常表现为教学信息化建设步伐慢，教学资源服务平台趋于死板，数字化、信息化教学服务体系不健全；民办本科院校在教学数字化、信息化技术应用于教学实践时，存在参考经验不足、技术应用有限等问题，引进的先进技术和网络课程未配备专门指导老师，现有教师信息化素养有待加强，不利于信息技术的充分有效利用，也为信息交流与共享设置了障碍，不利于教学水平的提高。

（六）教学质量保障不足，保障体系有待进一步完善

通过对质量报告的分析研究，根据 spss 的资料收集（Data collection Data Entry）功能，录入 129 所民办本科院校存在的问题，计算出 27.2%（约 35 所）的民办本科院校存在教学质量保障不足，保障体系有待健全

的问题。其中在民办本科院校集中分布的第一层次（11-15所）中，湖北、辽宁、河南、山东、黑龙江等5个省份占比20.0%；民办本科院校分布的第二层次（6-10所）中，陕西、福建、广东、四川等7个省份占比39.3%；民办本科院校分布的第三层次（1-5所）中，湖南、江苏、上海、浙江、广西等13个省份占比40.7%。

对129所民办本科院校的本科教学质量发展报告中教学质量保障体系这一环节进行分析，发现如下问题：一是很多民办本科院校没有形成教学质量保障体系系统，没有涉及外部质量保障体系，真正的教学质量保障体系尚未建立；二是教学质量目标不具有动态变化特点甚至缺乏目标；三是教学质量保障体系还不健全，在质量监控及信息反馈环节，对于反馈信息的调控应该予以重视，让质量监控真正起到作用；四是在教学评价的过程中评价指标存在不合理现象，评价指标不够多元化，不利于对教学质量进行科学合理的评价；五是没有涉及运行机制或要素保障措施来确保教学质量保障体系合理运行。

通过对质量报告的分析研究发现还有约4.3%的民办本科院校存在以下问题：教学内容陈旧、教学方法落后，学生综合素质能力培养不达标，教学质量工程项目建设水平有待提高、教学管理有待规范化和科学化、管理服务模式和效能有待提高等等问题。

**二、民办本科院校教学质量的主要制约因素分析**

高校教学质量涉及诸多环节，每个环节及各个环节中的因素都会影响其教学质量。贺祖斌教授将教学先在因子、教学过程因子、教学环境因子、教学结果因子作为制约高等教育教学质量的四类受控因子来分析，以下从这四个维度进一步审视民办本科院校教学质量，分析民办本科院校教学质量存在问题的诱因。

（一）教学先在因子

1.生源质量分析

目前，民办本科院校的生源无论在数量和质量上都存在下降趋势，也成为民办本科院校面临的突出问题。笔者分析主要有以下原因：首先，在高等教育大众化背景下公办本科高校逐年扩招，冲击民办本科院校生源质量；其次，除特殊情况外，公办本科高校与民办本科院校在招生范围上是存在不平等现象的。虽然国务院在2014年9月印发《关于深化考试招生制度改革的实施意见》提出：创造条件逐步取消普通高等学校招生录取批次，但是多数民办本科院校长期以来被纳入"本科三批"的招生范围，很难消除影响；最后，从国家和社会的角度来看，国家制定的招生政策和社会对民办本科院校的认可度都会影响民办本科院校的生源质量。从民办本科院校自身角度来看，民办本科院校学生的就业质量、学校自身的地理位置及经济优势、学校的招生策略等都会影响其生源质量。从学生角度来看，学生的自主选择意识、未来就读愿望也一定程度上影响民办本科院校的生源质量。

2.师资条件分析

通过对质量报告的分析研究发现，约82.8%的民办本科院校存在师资队伍稳定性低、素质能力有待提高的问题。笔者分析主要有以下原因：从学校角度来看，一是民办本科院校为保证经济成效而采用聘用离退休教师或兼职教师的方式，如此就节省出一部分校舍和开支，导致民办本科院校师资结构不尽合理、稳定性不够；二是民办本科院校为保证经济成效，用来投入教师培训和教师发展的费用也相对较少，因此教师素质也有待提高。从教师自身角度来看，一是民办本科院校教师保障制度和公共服务体系不够健全，使得师资队伍不稳定；二是民办本科院校专任教师所占比重不大、生师比较高，使得教师工作量增大、工作强度高，教师把更多时间投入工作而用于个人素质提升的时间和精力相对减少；三是多数民办本科院校由集团投资兴建，采用企业化管理方式，教师自主自由空间不大，心理压力大。

3.教学基础设施分析

教学基础设施一般包括教学的固定场所、教学设备、教学仪器、创新创业实习实训基地、图书馆、网络教学、文体设施等，教学基础设施对于保障民办本科院校教学质量起基础性作用。通过对质量报告的分析研究发现，约69%的民办本科院校存在教学经费投入有限、教学条件有待改善的问题。笔者分析主要有以下原因：一是相较于公办本科高校，少了政策上的支持和国家财政拨款，使得民办本科院校在教学基础设施建设上的资金相对紧张；二是民办本科院校多是专升本而来，经过长期发展的高校虽有所改观，但许多学校仍是表现在生活设施相对完善，而供学生拓展学习、增强创新创业学习的创新创业实训基地、图书馆、网络教学等设施建设还不健全，类型相对单一。如银川能源学院的教学基础设施建设尚不能完全满足本科教学需要。在实验室建设和仪器设备投入上，与持续增长的学生规模现状不匹配，各专业呈现不同程度的短缺现象；图书资源总量不足，且专业类图书数量偏少，尚不能完全满足本科生专业需求。

（二）教学过程因子

1.人才培养模式分析

通过对质量报告的分析研究发现，约79.3%的民办本科院校存在人才培养模式趋同、学科专业设置盲从的问题。笔者分析主要有以下原因：首先，人才培养模式同质化，民办本科院校的人才培养目标是主因，在地方本科高校转型发展大背景下，民办本科院校人才培养目标如果不朝着更好服务地方经济发展、不朝着更好服务创新驱动的方向发展，很难形成适应应用型发展的特色人才培养模式；其次，很多民办本科院校在发展过程中没有形成适合本校的人才培养方案，导致在实践中人才培养模式去模仿甚至照搬公办本科学校，以至于其人才培养模式虽然出现类似"应用型""复合型""创新型"等的字眼，但实际却偏离"应用型"的特征。

2.学科专业设置分析

通过对质量报告的分析研究发现，约79.3%的民办本科院校存在人才培养模式趋同、学科专业设置盲从的问题。笔者分析主要有以下原因：首先，盲目跟风公办本科高校，没有完全具体分析自身优势资源条件、立足校本开发研究学科专业设置；其次，民办本科院校优先开设低成本专业，淘汰低就业率专业，很大程度上是由于民办本科院校将投入产出比例作为衡量办学效益的一个重要依据，导致高校倾向于以短期实用主义指导专业设置，在专业设置过程中缺乏整体规划，偏重当前社会需求却忽视未来发展趋势。

3.教学内容与教学方法分析

通过对质量报告的分析研究发现，约4.3%的民办本科院校存在教学内容陈旧、教学方法落后的问题。很多民办本科院校的学生反映本科四年学习的知识感觉很少，多是由于在走向社会之后感觉教学内容与社会、企业需求存在脱节现象；再者虽民办本科院校教学信息化建设初具规模，但应用程度不够，大部分民办本科高校教师仍以枯燥无味的满堂灌、死板的PPT课件教学为主。

（三）教学结果因子

1.学生综合素质能力培养分析

民办本科院校学生综合素质能力也是衡量其教学质量的标准，如果一所民办本科院校培养出来的毕业生有良好的综合素质能力，大部分能得到企业和社会的认可，这就证明了学校存在的价值。通过对质量报告的分析研究发现，约4.3%的民办本科院校存在学生综合素质能力培养不达标问题，主要表现在专业学习动力不足、在实际工作中动手能力差、社会责任感缺乏。针对此类问题，一些应用技术类的民办高校在学生综合素质能力培养方面值得同类高校借鉴，如山西应用技术学院突出培养学生技术和技能能力，实践教学课时比例占总课时的40%以上；强化实验室建设，注重学生技能培养，近几年举办并积极参加各种技能大赛，比赛项目对接岗位技能，大赛在工作实境中进行，通过大赛弥补了专业学习动力不足，提高了在实际工作中的动手能力。

2.毕业生就业情况分析

高校毕业生就业情况也是衡量教学质量标准之一。笔者通过对一些民办本科院校的走访调查发现，某些高校每年的毕业生就业质量报告展现的高就业率，存在一些虚报现象，在大学教育中对于就业指导的课程，一个学期仅有一次，个别学校甚至在大三才开设就业指导课，更缺乏敬业教育，也鲜少有高校建立起完备的就业服务体系，致使毕业生就业能力缺乏。

（四）教学环境因子

1.学风

通过对质量报告的分析研究发现，约4.3%的民办本科院校存在浓郁学风有待培养、质量文化建设落后的问题。笔者经过调查分析主要有以下原因：从学生角度而言，一是"大学轻松过四年"的思想普遍存在，少数学生学习态度不够端正，存在旷课、迟到、不认真听讲等现象；二是学生学习内驱力不强，自主学习意识有待加强。从高校角度而言，高校的学术氛围、校园文化等对学生有效地起到熏陶作用，相对于公办高校而言，民办高校办学历史较短，校园文化还需要不断地积淀，学风建设有待进一步提升。因为学风和校园文化建设对教学质量起到隐性制约作用，厚重而富有内涵的文化积淀，对高校的影响是深远而持久的。实践证明，目前在各大排行榜排名靠前的民办高校，都有自己正确的办学理念、独特的价值观念、丰富的文化底蕴和浓郁的文化氛围，形成了自己鲜明的质量文化。民办高校要生存与发展，必须依靠自身力量，加强学校质量文化建设，丰富教育内涵，提高育人质量，提升办学水平。

2.自然经济环境

我国民办本科院校的分布呈现明显的地域差异，可见自然经济环境影响着民办本科院校的发展。民办本科院校借助所处地理位置、经济导向发展。比如一些民办本科院校借助历史名城、文化古都、省会城市等区位优势发展，西安的民办本科教育就凭借区位优势发展全国领先。再者，经济的发展水平也制约着民办高等教育的投资和普及水平，进而进一步制约民办高等教育人才培养的规格。比如，在社会转型时期，市场经济的发展带动了战略新兴产业的发展，就迫切需要民办本科院校培养出复合型、应用型人才[1]。

# 第三节　民办本科院校教学质量保障体系的构建

民办本科院校教学质量保障体系包括内部和外部的双重保障，其构建一是充分考虑民办本科院校自身特点，构建更符合民办本科院校实际的教学质量保障体系；二是借鉴高等教育教学质量保障体系多年积累的丰硕经验和研究成果，遵循教育教学规律。

民办本科院校教学质量保障体系如下：为保障民办本科院校教学质量，民办本科院校教学质量保障体系以民办本科院校的教学质量目标体系为出发点和落脚点。教学质量目标体系作为落脚点，董事会作为决策机构做出的决策是为了实现高校教学质量目标，民办本科院校内外部教学质量保障体系的建立也是为了实现高校教学质量目标；教学质量目标体系作为出发点，由于教学质量目标体系受董事会决策的调控以及外部环境的影响不是一成不变的，尤其在不同发展背景下教学质量目标体系更应该适时而变，这样把教学质量目标作为出发点就可以通过内外反馈体系把新的教学质量目标体系反馈到内外部质量保障体系，对教学质量进行调控，也使得内外体系交汇后处于动态平衡的状态，最终使教学质

①赵海峰.民办本科高校教学质量保障体系建设研究——基于浙江省民办本科高校的调查分析[D].厦门：厦门大学，2020.

量得到逐步改进。另外，将作为决策机构的董事会和内外反馈体系独立于内外质量保障体系，一是如此建立起来的质量保障体系更有效率、直观明了，二是如此更能适应内部和外部环境的变化及时做好决策和反馈工作，对教学质量出现的质量问题及时做好调控。

**一、民办本科院校教学质量内部保障体系**

民办本科院校教学质量内部保障体系是基于民办本科院校内部构建，民办本科院校教学质量内部保障体系包括教学管理执行系统、教学管理制度保障系统、教学质量评估系统、教学信息内反馈系统。其运行程序为：内部质量保障体系通过内外反馈系统为董事会决策提供参考，进而改进教学质量目标体系，再经内反馈体系反馈到执行系统，教学制度保障系统、评估系统在教学执行系统的指导下运行。

（一）教学管理执行系统

在民办本科院校之中，董事会是决策机构，董事会依照教学质量目标体系制定出相应决策，由校长负责执行，也就是民办本科院校通过董事会领导下的校长负责制提高教学质量。执行系统由校级管理系统、院级管理系统和系级管理系统组成，执行董事会的决定，并依据教学质量目标体系组织实施高校的行政管理工作和教学管理工作，对教学质量全过程进行监督和评估，最终反馈到董事会，董事会再根据反馈制定相关决策建立新的教学质量目标体系。

（二）教学管理制度保障系统

民办本科院校制度保障系统就是通过制定科学合理的理论和实践教学工作规范，为进行教学质量监控提供依据，为实现教学质量目标提供制度保障。在民办本科院校内部教学质量保障体系中，教学制度保障系统包括教师管理制度、学籍管理制度、课程管理制度、专业管理制度和质量管理制度等主要内容。

（三）教学质量评估系统

民办本科院校教学质量评估系统是为保证教学质量目标的科学合理性，董事会决策和执行系统执行的有效性，而在民办本科院校内部建立起来的教学质量评估系统。教学质量评估系统不仅包括教师教学方面的评估考核，还包括学生学习效果的评估考核，更包括教学管理工作的评估。

（四）教学信息内反馈系统

民办本科院校教学信息内反馈系统的建立立足于民办本科院校新时期培养应用型人才的发展实际，对接行业企业职业，邀请行业企业专家参与进来，其建立以教学管理部门为主导，建立起包括行业企业专家、相关学科专家、社会评估组织、家长代表组、教师学生代表组在内的教学信息反馈机制，将广泛收集的信息反馈到民办本科院校教学管理的相关环节，为及时调控打下基础。通过内反馈系统的建立，将广泛收集的信息反馈到决策系统，再把董事会的最新决策、教学质量目标的改革传达给教学管理执行系统。

**二、民办本科院校教学质量外部保障体系**

民办本科院校教学质量外部保障体系是基于民办本科院校外部构建，民办本科院校教学质量外部保障体系包括政府政策支持、市场监控、评估中介机构、外部反馈系统。其运行程序为：外部保障质量体系经教学质量目标体系的反馈，反馈出外部环境的需求变化，通过董事会决策，决定如何影响教学质量目标体系，如此往复教学质量目标体系得到不断的反馈调控。

（一）政府政策支持

民办本科院校外部质量保障体系的建设需要政府的政策支持。在国家层面上，出台针对民办高等教育的具体问题而不是民办教育的共性问题，制定出比《民办教育促进法》这类更细致的能够确定民办高等教育法律地位的相关政策，为民办本科院校在新时期的转型发展提供法律权益保障，明确清晰法律规定。在地方政府层面，地方政府要积极落实经济扶持政策，给予民办本科院校发展更适宜的生存环境。一方面设立民办高等教育发展基金；另一方面，进一步优化民办本科院校融资的制度环境，为民办本科院校在新时期的转型发展提供经济保障。

（二）市场监控

民办本科院校的招生、人才培养、就业都应该面向市场。在民办本科院校的招生工作中，招生的生源是面向市场的，因此学校应适应地方经济发展制定合理的招生政策，以吸引优秀生源；在民办本科院校的人才培养上，为使人才培养与"创办一流应用型大学"引领目标相适应，树立市场适应性的教育质量观，结合学校自身优势根据市场需求培养应用型紧缺人才，反过来市场又会给予更好的回馈，以新兴产业带动新专业的建立和启动；在民办本科院校学生就业上也应面向市场，增强学生就业创业能力。民办本科院校针对学生学习愿望、学习情况和就业实际，建立完善科学的育人体系，使各相关职能部门积极配合，并通过建立完善大学生发展中心，为学生搭建大学四年不断线的发展平台，在力所能及的范围内努力办人民满意的教育，使教学质量得到肯定。

（三）评估中介机构

为提高社会各界对民办本科院校的支持和关注、完善民办高等教育质量保障体系、政府管控更加科学合理化，有必要建立起既独立又专业的评估中介机构。前面提到民办本科院校隶属"普通本科高校"范畴，但更多具有"民办"的特征，其教学质量不能单纯从公办本科高校比较中得出的结论，也不能单纯参照同类院校的教学质量衡量标准。目前针对民办高等教育的评估中介机构还很少，建立起具有一定学术权威又相对独立的针对民办本科院校的评估中介机构，在一定程度上缓解民办本科院校和政府之间矛盾的同时，还可以在更加客观、科学、公平公正的基础上评价民办本科院校的发展，保障其教学质量。

（四）外部反馈体系

主要包括民办本科院校根据政府、行政部门的政策和法律，调整培养方向，保证民办本科院校培养的人才不偏离国家政治目标；根据社会需要，主要包括学生家长和用人单位的监督和反馈及时调控教学保障体系；充分利用社会专业评估中介机构，一方面作为改进教学的有效手段，另一方面利用中介机构的权威性向社会公布评估结果，提高民办本科院校在高教市场的知名度；同市场保持密切联系，民办本科院校教学质量保障要素均来自于市场，充分利用市场规律，保障资源要素配置效率的最大化，提高教学质量①。

# 第四节　民办本科院校教学质量保障体系的实施策略

结合前述提出的民办本科院校教学质量存在的问题、民办本科院校自身发展的特点，本节试图从民办本科院校教学输入质量保障、民办本科院校教学过程质量保障、民办本科院校教学输出质量保障、民办本科院校教学调控质量保障等四方面提出民办本科院校教学质量要素保障的措施。

## 一、民办本科院校输入质量保障

### （一）民办本科院校生源质量保障

根据对2024年度教学质量报告的分析，民办本科院校的生源在湖北、山东、河南、陕西、江苏、上海、浙江等东部和中部地区比较稳

---

① 赵海峰. 民办本科高校教学质量保障体系建设研究——基于浙江省民办本科高校的调查分析[D]. 厦门：厦门大学，2020.

定。要保障民办本科院校生源质量，在录取批次上学校自主权不大，但是可以通过以下几方面入手，创造相应条件保障其生源质量。

1. 通过完善招生策略保障生源质量

一是各民办本科院校应在合理配置教学资源的基础上，根据国家招生政策、结合国家经济发展和对民办本科院校所在区域人才需求的分析与预测，对比本校近几年的招生计划执行情况、毕业生就业情况，以此作为参考重新确定各专业的招生策略和计划；二是为吸纳优质生源，公办高校设立各类助学金、奖学金政策，民办本科院校可以在此基础上设立更丰富的奖学金政策，比如设立新兴行业奖学金、企业奖学金等，也可相应减免高分学生的学费；三是在培养方式上，有条件的民办本科院校可以利用区位经济优势选送优秀学生进行对外交流合作。

2. 通过提高就业质量保障生源质量

民办本科院校社会的认可度还比不上公办本科高校，民办本科院校可以保证本校学科体系基本齐全的情况下，实现学校招生与就业两方面的良性循环，以高就业率吸引优质生源。一方面，为吸引优质生源，可以毕业生就业情况为导向，采取增加、稳定、压缩、转招等相应措施，调整本校学科专业结构。另一方面，为确保毕业生高质量就业，在加强毕业生就业、创业教育的同时，也可对毕业生就业进行跟踪服务，取得社会信赖，实现招生与就业的良性循环。

(二) 民办本科院校师资条件保障

民办本科院校师资队伍的素质决定其教学质量，因此保障民办本科院校教学质量，师资队伍是根基。要保障民办本科院校师资条件，可以从以下方面入手。

1. 增加师资队伍稳定性

在民办本科院校内部建立起丰厚留人机制，进一步提升教师薪资待遇和退休保障，在经费允许的条件下尽量把教师待遇提升到至少是所在省份普通本科高校中等水平，为兼职教师中离退休人员提供丰富精神生活的文娱活动，也为专职教师提供更多的专业发展机会，提供更多晋升的机会。如2024年，西安思源学院利用所在省份的优秀资源，与西安交通大学签订帮扶协议，派出了50余名教师参加西安交大举办的教学能力提升培训；为提高科研水平增加师资队伍稳定性，选拔骨干教师赴西安交大、陕西师大以及美国缅因州立大学访学进修，并在校内多次组织科研答疑及动员会。

2.调整师资队伍结构，提升师资队伍素质

在民办本科院校转型发展的背景下，根据学校专业建设所需教师水平，多渠道筹集资金，调整师资队伍结构，增加"双师型"教师，建立符合应用技术大学特点的"引进、招聘、培训、评价"体系，一是扩大人才引进力度，集中力量关注高层次人才、海外留学人员及有相关企业行业经验人员的招聘；二是建立教师专业能力与学校创新创业文化的互动发展机制，通过定期实施面向专业建设的理论、工具、技术、应用等方面的更新培训，将行业、专业更新、专业建设及人才培养紧密结合，完善"双师型"队伍建设。比如吉林华侨外国语学院依托国际化渠道与双语课程建设需求，建立教师外语能力认定机制及教师国际交流访学机制，通过培训、外派交流等方式不断提升教师国际化视野与外语水平，努力建设一支高水准的创新创业型师资队伍。三是通过相关企业行业技术专家来校培训、推进教师到相关企业实践实训以及参与真实项目的开发等措施，提升教师队伍的实践能力和应用型科研水平，优化完善产学合作教师激励机制，并以此作为评价标准之一。如重庆工程学院从行业企业引进工程师从事教学工作，目前有"双师型"教师139人，占专业教师的27.36%，并出台政策鼓励学校教师到企业实践锻炼，积累项目经验以适应教学需求。四是在系列高等教育质量报告中，重点高校对国家创新体系建设的贡献度也反映出民办本科院校科研竞争力相对薄弱，启示民办本科院校应立足"应用型"定位，进行科学研究，提升科研水平，并使科研成果与应用型人才培养相适应。

（三）民办本科院校教学基础设施保障

1.加大经费投入，完善办学条件

《民办高等学校办学管理若干规定》第五条明确强调：民办高校的办学条件必须符合国家规定的设置标准和普通高等学校基本办学条件指标的要求，民办高校设置本科、专科专业，要按照国家有关规定执行。改善办学条件是保障教学质量的途径之一。目前民办高等教育经过近几年的发展，在办学条件方面有了很大的进步，但是，与公办高校的水平以及提高教育质量的内在要求相比，还存着很大的差距。比如在生均科研仪器设备值方面，公办本科高校为7802元，而民办本科院校为5536元，少了将近公办本科高校的30%；而且在生均科研仪器设备值达到国家合格要求的高校中，公办本科高校也高于民办本科院校10个百分点。

教学设施的保障、教学任务的完成都需要足够的教学经费投入。民办本科院校，多以应用型、技术型为主，为了培养复合型人才，实验实训要求可能要比普通本科高校还要高，极大地提高了教学需求，因此高校更需要根据学校类别按照国家规定的办学条件指标多渠道筹集教学经费，完善办学条件，优化教学环境，保障民办本科院校教学质量。一方面，可以在高校内部建立和完善稳定、充足的经费保障机制，确保教育经费能够用于改善办学环境，提升实践教学水平，保障教学质量；另一方面，可以利用学校办学资源扩展的优势，增加教学经费来源，然后转向教学投入。

2.增加实验室、实习实训基地建设

一是按照相应民办本科院校学科专业、课程建设需要增加，如长沙医学院，依照学校专业群或者依照学校特色发展专业，完善实验室建设，配齐实验室相关教学器材，包括相关实验仪器、计算机等；二是通过校企合作、产学研相结合等方式建设实习实训基地，同时注重增强创新创业学习的创新创业实训基地建设，以培养出应用型、技能型人才；三是从长远来看，为提高实验室、实习实训基地的利用率和使用效率，相同类别民办本科院校可以互相协作，如哈尔滨华德学院，在专业建设和人才培养上的实验室、实习实训基地等建设逐步实现资源共享。

3.增强教学信息化建设及其应用水平

"信息技术的发展，对未来中国大学教育的资源整合以及大众化、普及化发展的意义影响深远"。因此应增强民办本科院校的教学信息化建设及其应用水平，以保障教学质量。一方面，加快教学信息化建设步伐，通过引进先进技术与网络课程，提供灵活开放的教学资源服务平台，建立健全数字化、信息化教学服务体系。比如重庆人文科技学院依托信息技术发展已建成较丰富的数据资源体系，为教学和科研提供保障的同时也增强了文献资源利用率，根据质量报告显示，在2024年，重庆人文科技学院仅CNKI数据库的访问量高达281万，在2023年基础上提高了92.4%。；另一方面，针对民办本科院校在教学数字化、信息化技术应用于教学实践时，存在的参考经验不足、技术应用有限等问题，可以为引进的先进技术和网络课程配备专门指导老师，以便于本校学习与培训，充分利用信息技术进行教育教学改革，促进信息交流与共享，提高教学水平，保障教学质量。

4.丰富图书馆馆藏

一则尽管如今科技发达、信息更新速度极快，但是纸质图书带给学生的是更扎实的知识积累，纸质图书作用仍不可小觑。可见民办本科院校在扩充电子图书资源的同时，也应逐年购入更丰富的纸质图书，尤其是专业性较强的书籍，以供学校师生查阅资料。二则民办本科院校可以联合相同类别的高校，实现图书馆知识资源共享。比如哈尔滨建桥学院，纸质资源建设与数字资源建设并重，目前已经建成了较为完备的数据资源体系，在此基础上还将所有纸质资源和电子资源实现了一站式访问，方便了师生阅读和科研。

## 二、民办本科院校过程质量保障

### （一）民办本科院校人才培养模式保障

《人力资源和社会保障事业"十三五"规划》显示："到'十三五'期末，专业技术人才总量达到7500万人，高、中、初级专业技术人才比例为10：40：50；高技能人才总量达到5500万人。"与"十三五"预期专业技术人才数量相比，还有很大的差距，那么民办本科院校应发挥培养专业技术人才作用，正如加赛特在《大学的使命》中指出"大学是为了把普通学生教育成为有文化修养、具备优秀专业技能的人"。因此，民办本科院校的教学质量应体现在培养应用型技术技能型人才上，保障民办本科院校人才培养模式，笔者认为可以从以下几个角度入手。

1. 明确人才培养目标定位

民办本科院校的人才培养目标定位，不同于培养学术型、研究型人才的公办本科高校，也不同于培养技能型、实用性人才的民办高职高专院校，其人才培养目标定位应结合学校类型和本校发展实际，突出"教学型""应用型""地方性"的特征，培养出适应地方经济发展、创新驱动发展，具有较强实践能力的应用型人才。如宁夏理工学院立足培养生产、管理和服务一线等工作的高素质专门人才，适应和服务区域经济社会发展需要；北京城市学院立足应用型人才培养，与北京建工集团、北京同仁堂集团等多家龙头企业对接合作进行应用型人才定制培养，服务首都经济发展的同时也产生了适合首都现实需要的应用型研究成果——针对北京"城市病"现象开展的城市保障应用研究，也通过产教融合推动了3D打印技术等战略性新兴产业的发展。

2. 完善人才培养模式

一是民办本科院校应避免盲目寻找合作伙伴，加强与各界沟通，准确快速取得在校企合作、产教融合上的突破口，并在相关政策导向扶植力度下，提高专业教师对校企合作、产教融合的认识程度，使之成为校企合作的倡导者、引导者和主导者，增强专业教师与企业行业的紧密联系，从而实现产业促进专业，专业反哺企业的良好格局；二是以转型发展为契机，通过聘请相关企业行业专家加强专业定位及专业方向调研论证力度，全面推进民办本科院校各学院应用型、技术技能型人才培养；三是民办本科院校人才培养可纳入创新创业教育，以"工创空间""大学生创业孵化基地"等为平台组织实施，服务地方经济发展。如北京吉利学院设立大学生创业基金，成立创业俱乐部并配备专职指导教师来保障创新创业教育的实施。

（二）民办本科院校学科专业建设保障

1.进一步优化专业结构

按照教育部要求，民办本科院校可以本着"一流民办本科院校"的办学目标，不断深化专业内涵建设，在原专业稳步发展的基础上，根据国家特别是所在省市经济社会发展对本校提出的新要求，依托高校自身优势，一方面着重打造本校骨干品牌专业，使这些专业不仅实力强、水平高，而且成为支撑高校长期稳定发展的专业；另一方面，适当增设少量急需专业，培养紧缺人才，优化和调整专业结构所占比例，而不是盲目跟风开设热门专业。而四川工业科技学院在学科专业设置上，突出应用型教学特色，加大通识课程和学科专业基础课程的建设，专业结构不断优化，建立科学合理的学科专业体系，落实好实践教学环节，值得同类学校参考。

2.增强学科特色专业建设

首先，要进一步提高对建设学科特色专业的认识，树立竞争观念和品牌意识；其次在转型发展背景下，各省市民办本科院校根据自身情况并利用办学机制灵活的条件，在国家出台相关扶持政策和有力措施的基础上，主动向符合遴选省级特色专业建设点和校级特色专业的条件靠拢，立足长远紧抓特色专业的培育和配套专业实践平台的搭建；最后，创造条件加入全国"应用技术大学（学院）联盟"和所在省市"高校转型发展联盟"，并积极筹建以学校为核心的设计学科联盟，共同研发全国应用技术型大学设计学科教材，以期带动教学方法和课程体系整体的革新。比如重庆人文科技学院加入了全国性的"应用技术大学（学院）联盟"和"重庆市属高校转型发展联盟"，在此方面做了表率。

（三）民办本科院校教学内容与教学方法变革

1.教学内容改革

笔者认为教学内容改革应注重基础性、实用性、本土化。教学内容基础性，民办本科院校基础性教学不可或缺，强化高等数学、大学语文、大学外语、计算机等课程的教学，注重文理兼修，提高人文素养；教学内容实用性，针对调查中出现教学内容与社会、企业脱节的现象，不能照搬公办高校的教材，应根据民办本科院校自身需求和学生的知识结构基础相符合；教学内容本土化，民办本科院校应有针对性地开展教学，教学内容应进一步本土化，在转型期更适应民办本科院校所在区域的经济发展及所在区域创新驱动发展。如文华学院立足本土，建设"文华-Autodesk""文华-中交二公司""文华-华为"三大人才培养基地，服务当地经济社会发展，注重教学内容的基础性、实用性和本土化。

2.教学方法变革

运用辩证的思维，采取单一的教学方法很难提高学生综合素质，进而达到保障民办本科院校教学质量的目的，因此教学方法的变革，不仅要从单一向多元发展，更要注意优选多种教学方法的组合。为培养学生就业创业能力，可以学生为中心、启发式教学、个性化教学、分类教学为切入点，比如：针对人文社科类，为增强教学实用性，可以通过整合教学内容考虑实施头脑风暴教学法、案例教学法以及模块教学法等；针对理工科类，可以"应用型""技术技能型"原则为指导，在教学实践中不断尝试模块化教学法、一体化教学法、学训交替教学法等相结合优化组合教学方法。

### 三、民办本科院校输出质量保障

（一）民办本科院校综合素质能力培养保障

1. 注重专业能力、创新能力的培养

民办本科院校要培养应用型、技术技能型人才，服务地方经济发展、服务创新驱动发展，就必须注重专业能力、创新能力的培养。在专业能力培养方面，民办本科院校最重要任务是落实专业基础知识的学习的重要性，如此才可更好地运用扎实的专业基础知识和专业基础理论去解决在实际中面临的专业问题，专业能力才能得到展现，并将这个运用到展现的过程中使专业能力逐步得到提升；在创新能力培养方面，民办本科院校不能因为生源质量不如公办本科高校而低估学生的创新能力，民办本科院校应适应当地经济发展需求，结合自身优势资源，从培养学生的创新意识到创新精神再到创新能力，逐步高效展开培养。

2. 注重社会责任感的培养

笔者通过对一些民办本科院校的走访调查发现，除了热爱专业学习、为考研努力的一部分学生，还有相当一部分学生觉得大学呈现"无力"状态，只能通过逃课、谈恋爱、睡觉、玩游戏来打发珍贵的大学时光，甚至上网也成为了上课最重要的活动。这种大学生迷失理想的现象使得大学生社会责任感缺失，应该引起民办本科院校的高度重视，应该加强理想信念的教育，并逐步实施，只有学生具备了正确的理想信念，对社会的责任感才能增强，笔者认为理想信念教育是提高学生社会责任感的根本途径。

（二）民办本科院校毕业生就业保障

民办本科院校应把发展理念转到增强学生就业创业能力上来。一方面，加强敬业教育。民办本科院校着重培养的是应用型、技能型人才，而这一部分人很多是一线技能操作、生产、服务人员。通过对在校学生的敬业教育，使学生逐步树立敬业意识，而后慢慢增强敬业精神。另一方面，建立完备的全员、全过程就业服务体系。一是将就业指导纳入教学计划，突出就业教育、职业生涯规划、创新创业指导；二是设置专门就业指导机构，建设就业指导专职队伍，多途径加强与企业联系、开拓就业市场，服务好毕业生供需信息网络的建设；三是健全毕业生就业持续追踪调查与就业反馈机制，以提高就业率保障民办本科教学输出质量。

**四、民办本科院校调控质量保障**

根据目前民办本科院校教学质量存在的一系列问题，且多数民办本科院校的教学质量调控仅局限于高校内部，未充分利用民办本科院校根据外部环境发生变化及时调控的优势。民办本科院校调控质量保障应该包括内部调控保障和外部调控保障两部分，对民办本科院校内部和外部教学质量出现的问题进行调控，并且对民办本科院校教学质量的调控是贯穿教学质量全过程的，是动态变化的。

（一）民办本科院校教学质量内部调控保障

民办本科院校教学质量内部调控保障是教学决策系统（校董事会、校长办公会）制定决策，通过监控指挥系统（校长、分管校领导、二级学院负责人、教务处及相关单位负责人、专业教研室负责人）按照教学质量管理的目标，凭借相关监控依据（教育教学改革政策、教学管理制度与文件、各主要环节教学质量标准、各主要环节教学质量评价办法），运用检查、评估和激励等手段，对教学工作的组织、运行和效果进行及时的监督、评价、反馈和调控，确保教学质量满足教学质量管理目标要求的管理系统。

其中监控对象主要包括民办本科院校的教学条件保障、教师教学质量、学生学业质量、教学管理效能等。监控要素主要包括民办本科院校教学输入质量中的生源质量、办学定位、师资条件、教学基础设施建设等内容；民办本科院校教学过程质量中的人才培养模式、学科专业建设、教学内容与教学方法、课程体系建设等内容；民办本科院校教学输出质量中的学生毕业综合实习质量、学生综合素质能力培养、毕业生就业情况等内容。监控手段和方法主要包括：检查手段（期初、期中、期末教学检查），评价手段（学生信息员信息采集，学生评教，教师评学，领导与同行听课评课），调查手段（问卷调查、考核、座谈），对整个民办本科院校监控过程的教学质量进行评价与诊断，对监控过程中民办本科院校教学质量出现的问题进行反馈与整改。如哈尔滨华德学院根据《哈尔滨华德学院教学质量监控体系建设实施方案》，确立了教学质量监控的组织系统、制度系统、目标和标准系统、信息系统、评价系统、调控系统，在高校内部初步形成了教学质量监控与评价的长效机制和较完善的质量保障体系。

（二）民办本科院校教学质量外部调控保障

民办本科院校教学质量外部调控保障在本研究中是基于民办本科院校外部，对民办本科院校教学质量外部环境变化的调控。民办本科院校对外部环境变化反应的灵敏程度高于公办高校，这是民办本科院校的优势，能够针对外部环境的变化及时调整完善，相对公办高校而言，受的约束较小。

民办本科院校根据教学质量目标体系反馈出外部环境的需求变化，包括自然经济环境的变化、政府出台的政策、市场的需求变化、评估中介机构的建议等。然后通过民办本科院校教学决策系统（校董事会、校长办公会）制定决策，决定如何影响教学质量目标体系，再通过指挥系统（校长、分管校领导、二级学院负责人、教务处及相关单位负责人、专业教研室负责人）执行，对教学工作的组织、运行和效果进行及时的监督、评价、反馈和调控，如此往复民办本科院校通过应对外部环境的变化其教学质量得到保障。如武汉工商学院在大学生科技创新项目的开展和评审上，以培养创新创业教育人才为目标，根据政府的政策支持和地方经济发展的发展变化，通过董事会制定决策，决定受外部环境影响了的科技创新项目如何体现培养创新创业教育人才的目标，再经过创新创业教育教研室负责人执行下去，在此过程中进行监督、评价、反馈和调控，提高了武汉工商学院大学生的科技创新能力，也促进了综合素质的全面发展，并进一步完善了创新创业教育工作体系和人才培养模式①。

# 第六章　民办本科院校质量文化培育的现实挑战

在高等教育日益多元化与竞争激烈的今天，民办本科院校作为教育体系中的重要组成部分，其质量文化的培育不仅关乎学校的生存与发展，更直接影响到学生素质的提升及社会对高等教育的整体评价。然而，在探索与实践的过程中，民办本科院校在质量文化培育方面面临着多重现实挑战。

## 第一节　民办本科院校质量文化培育的认识偏差

### 一、认识偏差的定义与表现

（一）民办本科院校质量文化培育的认识偏差定义

在民办本科院校中，质量文化培育的认识偏差指的是对质量文化建

---

①赵海峰. 民办本科高校教学质量保障体系建设研究——基于浙江省民办本科高校的调查分析[D]. 厦门：厦门大学，2020.

・163・

设重要性、目标和方法等方面的理解存在偏差。这种偏差可能导致学校在质量文化建设过程中出现方向性错误，影响教育质量的提升。认识偏差可能表现为对质量文化的内涵理解不全面，对质量文化建设的目标定位不准确，或者对质量文化建设的方法和手段选择不当。具体来说，一些学校可能过于强调形式和表面的活动，而忽视了质量文化的深层内涵和实际效果。另外，有些学校可能将质量文化建设的目标仅仅局限于提高学生的考试成绩，而没有将其扩展到全面提升学生的综合素质和能力。此外，一些学校在质量文化建设的方法和手段上可能过于单一，缺乏创新和多样性，导致质量文化建设的效果不佳。因此，民办本科院校需要深入理解质量文化的内涵，明确质量文化建设的目标，并采取多样化和创新的方法和手段，以确保质量文化建设的有效性和可持续性。

（二）民办本科院校质量文化培育的认识偏差表现

在民办本科院校中，认识偏差的具体表现形式多种多样，呈现出复杂多变的态势。首先，一些院校可能过于强调短期的经济效益，将目光集中在眼前的经济收益上，而忽视了质量文化建设的长期价值和深远意义。这种短视行为可能导致教育资源的不合理分配，教学质量的下降，以及学术研究的浮躁现象。其次，部分院校在质量文化建设过程中，可能过于依赖外部评估和认证，希望通过这些外部手段来提升自身的知名度和竞争力，而忽视了内部质量文化的自我完善和自我提升的重要性。这种依赖外部评价的做法，可能会导致院校在文化建设上缺乏自主性和创新性，难以形成具有自身特色的教育理念和教学模式。此外，一些院校在质量文化建设的方法上可能存在误区，例如过分依赖行政命令和规章制度，希望通过严格的管理和规范来确保教育质量，而忽视了师生员工的参与和文化建设的内化过程。这种做法可能会导致师生员工的被动接受和抵触情绪，难以形成积极向上的校园文化氛围。最后，部分院校可能对质量文化的内涵理解过于狭隘，仅仅将其等同于教学质量和学术研究，而忽略了校园文化、学生素质和社会服务等方面的重要性。这种狭隘的理解可能会导致教育目标的单一化，忽视了学生的全面发展和综合素质的提升。这些认识偏差的存在，不仅影响了质量文化的培育效果，使得教育质量难以得到实质性的提升，也制约了民办本科院校整体教育质量的提升，阻碍了其在高等教育领域的可持续发展。

## 二、认识偏差的成因分析

### （一）民办本科院校内部因素导致的认识偏差

内部因素可能包括管理层对质量文化建设重视程度不足、缺乏明确的质量文化建设规划和目标，以及教师和学生对质量文化认识的不足。具体来说，管理层的短视和对质量文化建设的忽视可能导致学校在资源配置和政策制定上偏向于短期效益，而忽视了长期的质量文化建设。例如，管理层可能会优先考虑立即可见的成果，如考试成绩的提升，而忽视了更为重要的质量文化建设，如培养学生的批判性思维和创新能力。此外，如果缺乏有效的质量文化建设规划和目标，学校在实施过程中可能会出现方向不明确、措施不具体等问题。例如，学校可能会提出一些模糊的质量文化建设口号，但缺乏具体的实施步骤和评估标准，导致质量文化建设流于形式。教师和学生作为质量文化建设的主体，如果对质量文化的内涵和重要性认识不足，将难以积极参与到质量文化的建设中来，从而影响质量文化的培育效果。例如，教师可能会认为质量文化建设是管理层的责任，与自己无关，因此在日常教学中不会主动融入质量文化的元素。学生则可能会认为质量文化与自己的学习和生活无关，因此不会主动去了解和践行质量文化的要求。因此，为了有效地推进质量文化建设，学校需要从管理层、教师和学生三个层面入手，提高他们对质量文化的认识和重视程度，制定明确的质量文化建设规划和目标，并采取具体的措施来落实这些规划和目标。

### （二）外部环境对民办本科院校质量文化培育认识偏差的影响

外部环境因素可能包括社会对民办教育的偏见、政策法规的不完善以及市场竞争的压力。具体来说，社会对民办教育的偏见可能导致民办本科院校在社会认可度和资源获取上处于不利地位，这可能会进一步影响其质量文化建设的积极性和有效性。由于社会普遍存在的偏见，民办本科院校可能难以获得与公办院校同等的资源和支持，从而在师资力量、科研条件和生源等方面处于劣势。这种不利地位可能会削弱民办本科院校在质量文化建设方面的投入和努力。

政策法规的不完善可能使得民办本科院校在质量文化建设上缺乏明确的指导和规范，导致认识偏差的产生。政策法规的不完善可能表现为缺乏具体的质量标准、评估体系和激励机制，使得民办本科院校在质量文化建设方面缺乏明确的方向和动力。这种政策法规的不完善可能会导致民办本科院校在质量文化建设的认识上出现偏差，甚至可能导致一些院校在实际操作中忽视质量文化建设的重要性。

市场竞争的压力可能迫使民办本科院校过分追求短期效益，而忽视了质量文化的长期培育。在激烈的市场竞争中，民办本科院校可能会面临生源竞争、资金压力和品牌建设等方面的挑战。为了在短期内吸引更多的学生和资金，一些民办本科院校可能会过分强调市场化的运作模式，而忽视了质量文化的长期培育。这种过分追求短期效益的做法会导致质量文化建设的缺失，进而影响到学校的长远发展。

这些外部因素相互作用，共同影响着民办本科院校对质量文化建设的认识和实践。社会偏见、政策法规的不完善以及市场竞争的压力相互交织，形成了一种复杂的外部环境。在这种环境下，民办本科院校需要在追求短期效益和长期质量文化建设之间找到平衡点。只有通过积极应对这些外部因素，民办本科院校才能在质量文化建设方面取得实质性进展，从而提升自身的竞争力和可持续发展能力。

### 三、认识偏差对教育质量的影响

#### （一）认识偏差对教学管理的影响

在教学管理的过程中，认识偏差会引发一系列的问题。例如，由于对质量文化内涵的理解不够全面，教学管理会过于注重形式和程序，而忽视了对教学内容和方法的创新与改进。这种过于注重形式和程序的做法，会导致教学活动变得僵化，缺乏灵活性和创新性，从而影响教学效果。

此外，教学管理可能会过分依赖传统的考核和评价体系，而未能建立起与质量文化培育相适应的动态评价机制。传统的考核和评价体系往往过于注重学生的考试成绩，而忽视了学生的综合素质和能力的培养。这种偏差会导致教师过于注重应试教育，而忽视了对学生综合素质和能力的培养，从而影响学生的全面发展。

这种认识偏差还可能表现为对教师专业发展的支持不足，缺乏对教师教学能力提升和教学方法革新的鼓励和激励措施。教师是教学活动的主体，教师的专业发展水平直接影响到教学质量和效果。如果教学管理忽视了对教师专业发展的支持，可能会导致教师的教学能力和教学方法得不到有效的提升和改进，从而影响教学质量和效果。

最终，这些偏差将导致教学管理的僵化，不利于提升教学质量和促进教师的专业成长。教学管理的僵化会导致教学活动缺乏创新和灵活性，从而影响教学质量和效果。同时，教学管理的僵化也会导致教师的专业成长受到限制，从而影响教师的职业发展和教学质量的提升。因此，为了避免这些问题，教学管理需要全面理解质量文化内涵，建立与质量文化培育相适应的动态评价机制，加强对教师专业发展的支持，鼓励教师教学能力提升和教学方法革新，从而提升教学质量和促进教师的专业成长。

（二）认识偏差对师资队伍建设的影响

师资队伍在民办本科院校质量文化的培育过程中扮演着至关重要的角色。如果存在认识上的偏差，可能会导致师资队伍建设的不均衡现象。例如，过分强调教师的科研能力，而忽视了他们在教学能力培养方面的努力，这会导致教师在教学实践中的表现不尽如人意。另一方面，过分依赖从外部引进优秀教师，而忽视了对内部教师的培养和成长，可能会削弱教师队伍的凝聚力和稳定性。此外，如果对教师在质量文化建设中的角色和责任认识不足，可能会导致教师缺乏积极参与质量文化培育的积极性和主动性。这种偏差还可能表现为对教师职业发展的支持不够，缺乏为教师提供持续学习和专业发展的机会和平台。因此，认识偏差不仅影响了教师队伍的整体素质，也制约了教师在质量文化培育中作用的发挥，进而影响整个学校的教育质量和学术氛围。

## 四、认识偏差对学校发展的长远影响

### （一）认识偏差对学校品牌和声誉的影响

民办本科院校的品牌和声誉是其在教育市场中立足的重要资本。这些院校通过长期的努力和积累，逐渐在学生、家长和社会中建立起良好的形象和信誉。然而，如果存在认识偏差，学校可能会在质量文化建设上采取短视行为。例如，过分追求短期的经济效益，而忽视了长期的品牌建设。这种行为虽然在短期内可能会为学校带来一定的经济利益，但长期来看，却可能对学校的声誉造成严重损害，进而降低其在学生、家长以及社会中的信任度。

此外，如果学校在质量文化建设上缺乏创新和特色，无法形成独特的教育品牌，那么在激烈的教育市场竞争中，学校将难以脱颖而出。教育品牌不仅仅是一个标志或名称，它代表了学校的教育理念、教学质量、学术研究、师资力量、校园文化等多方面的综合实力。一个具有独特教育品牌的学校能够吸引更多的优秀学生和教师，提高其在教育市场中的竞争力。

因此，民办本科院校必须重视长期的品牌建设，而不仅仅是追求短期的经济效益。学校应该通过持续改进教育质量、加强师资队伍建设、提升学术研究水平、丰富校园文化活动等方式，逐步树立和巩固其独特的教育品牌。只有这样，学校才能在激烈的教育市场竞争中立于不败之地，实现可持续发展。

（二）认识偏差对学校可持续发展的制约

民办本科院校的可持续发展，从根本上来说，依赖于其教育质量的不断提升以及教育品牌的持续强化。然而，认识偏差可能会导致学校在质量文化建设上采取错误的策略。例如，过分依赖外部评估和认证，而忽视了内部质量文化的自我完善和自我提升。这种做法虽然可能在短期内满足了某些评估标准，但无法从根本上提升学校的教育质量，也无法形成学校独有的教育特色和优势。长此以往，学校将难以适应教育市场的变化和需求，其可持续发展能力将受到严重制约。因此，民办本科院校必须正确认识质量文化培育的重要性，采取有效的矫正策略，以促进学校的长远发展和持续进步。

具体来说，民办本科院校应该重视内部质量文化的建设，通过自我完善和自我提升，从根本上提升教育质量。这包括加强师资队伍建设，提高教学水平，优化课程设置，加强学生综合素质培养等方面。同时，学校还应该注重教育特色的形成和优势的发挥，通过独特的教育理念和教学方法，培养具有创新精神和实践能力的人才。此外，学校还应该加强与教育市场的互动，及时了解教育市场的变化和需求，调整教育策略，以适应市场的发展。

总之，民办本科院校的可持续发展，需要在质量文化培育上下功夫，通过内部质量文化的自我完善和自我提升，形成独特的教育特色和优势，适应教育市场的变化和需求，从而实现长远发展和持续进步。

**五、矫正策略的理论基础**

（一）引入教育质量文化培育的理论框架

为了矫正民办本科院校在质量文化培育上的认识偏差，首先需要构建一个科学合理的理论框架。这个框架应当基于教育质量文化的核心理念，深入探讨和强调质量文化的内涵、目标和实施路径。理论框架应当全面涵盖质量文化的多维度，包括但不限于教学、科研、管理、服务等方面，确保质量文化建设的全面性和系统性。此外，理论框架还应当充分考虑民办本科院校的特殊性，结合其办学定位、资源条件和市场环境，制定出切实可行的质量文化培育策略。

具体来说，理论框架应当明确质量文化的内涵，包括质量意识、质量标准和质量行为等方面，使师生员工对质量文化有清晰的认识。同时，理论框架应当设定质量文化的目标，明确质量文化建设的长远愿景和阶段性目标，为质量文化的实施提供方向。在实施路径方面，理论框架应当提出具体的方法和步骤，包括质量文化的宣传、培训、评估和改进等环节，确保质量文化的有效实施。

此外，理论框架还应当考虑民办本科院校的特殊性。由于民办本科院校在办学定位、资源条件和市场环境等方面与公办院校存在差异，理论框架应当结合这些特殊性，制定出符合民办本科院校实际的质量文化培育策略。例如，对于资源相对有限的民办本科院校，理论框架应当提出如何利用现有资源，优化资源配置，提高教育质量的方法。对于市场环境较为复杂的民办本科院校，理论框架应当提出如何根据市场需求，调整教育内容和方法，提高教育适应性的策略。

总之，构建一个科学合理的理论框架，对于矫正民办本科院校在质量文化培育上的认识偏差具有重要意义。只有通过全面、系统的理论指导，才能确保质量文化建设的有效性和可持续性。

（二）分析民办本科院校质量文化培育的理论需求

在引入理论框架的基础上，进一步深入分析民办本科院校在质量文化培育方面的具体理论需求。这不仅包括对质量文化培育目标的明确，还需要对质量文化培育过程进行详细的规划，以及对质量文化培育效果进行全面的评估。理论需求分析应深入探讨民办本科院校在质量文化建设中可能遇到的挑战和问题，例如资源分配不均、师资队伍建设不足、学生参与度低等，并提出相应的理论支持和解决方案。通过深入分析，为民办本科院校提供一套完整的质量文化培育理论体系，帮助其在实践中有效应对认识偏差，推动质量文化的健康发展。这一体系应涵盖质量文化培育的各个方面，包括但不限于质量文化的定义、内涵、目标、策略、实施步骤、评估标准等，以确保民办本科院校在质量文化建设过程中能够有明确的方向和科学的方法。同时，理论体系还应关注质量文化培育的动态性，能够根据外部环境和内部条件的变化进行调整和优化，以适应不断变化的教育需求和挑战。

### 六、矫正策略的具体措施

#### （一）提升民办本科院校管理层的认识水平

为了矫正认识偏差，首先需要从管理层入手，提升其对质量文化培育重要性的认识。这可以通过多种方式来实现，例如定期举办培训研讨会，邀请教育专家和行业领袖分享他们的经验和见解，以便管理层能够从中汲取有益的建议和方法。此外，组织考察学习其他成功院校的案例也是一个非常有效的方法，通过实地参观和交流，管理层可以更直观地了解其他院校在质量文化建设方面的成功经验和做法，从而增强自身对质量文化建设的重视。

除了这些方法，还应鼓励管理层积极参与质量文化的决策过程。这意味着在制定学校战略和政策时，管理层需要充分考虑质量文化培育的需求，确保这些决策能够支持和促进质量文化的建设。通过这种方式，管理层不仅能够更好地理解质量文化的重要性，还能够在实际工作中将其融入到学校的各个方面，从而推动整个学校质量文化的提升和发展。

#### （二）加强师资队伍质量文化培育的意识

教师作为质量文化培育的直接执行者，扮演着至关重要的角色。因此，加强师资队伍的质量文化意识显得尤为关键。为了实现这一目标，可以通过建立一系列的教师专业发展计划，鼓励教师积极参与与质量文化相关的培训和研讨活动。这些活动不仅能够提升教师的专业素养，还能激发他们对质量文化的深入理解和认同。此外，学校和教育机构应当为教师提供充足的时间和资源支持，以便他们能够不断探索和创新教学方法和内容。通过这种方式，教师可以更好地适应教育发展的需求，将质量文化的理念融入到教学实践中。

同时，将质量文化培育纳入教师的绩效考核体系也是至关重要的一步。通过将质量文化的表现作为评价教师工作的重要指标之一，可以有效地激励教师在日常教学中积极实践质量文化理念。这种激励机制不仅能够促使教师更加重视质量文化的培育，还能帮助他们在教学和科研工作中更好地融入质量文化元素。通过这些综合性的措施，可以逐步消除教师在质量文化培育上的认识偏差，促进他们在教学和科研中更好地融入质量文化元素，从而提升整体教育质量[①]。

# 第二节　民办本科院校质量文化培育与治理结构的冲突

## 一、民办本科院校内部治理结构

2019年，中共中央、国务院印发《中国教育现代化2035》，明确提出要"提高学校自主管理能力，完善学校治理结构"。民办本科院校作为中国高等教育的重要组成部分，在建设高质量教育体系背景下，要完善内部治理结构，实现高质量发展。

（一）民办本科院校内部治理结构的基本内涵

"治理"一词缘起于西方一些管理者和政治家、学者针对政府权威统治失灵的现实而提出的范畴。有学者认为"治理指的是一种由共同的目标支持的活动"。许多国际组织也对"治理"的内涵进行了解读。如联

---

①张文玉. 民办高校基于人才培养的教学质量文化建设探讨[J]. 读天下（综合），2021（5）：200.

合国开发计划署指出，治理"是一个社会自我组织做出决策并执行决策以取得相互理解和共识并采取行动的方式"。从现有的概念解读可以推知治理具有以下三大特征：一是主体性，治理是一种由主体（包括个人或组织）采取的行动，具有明确的目的及现实目标指向；二是过程性，治理是主体为了实现目的而持续行动的过程，不是单指某种规则或某种具体活动；三是调和性，治理的核心是调和差异化的利益诉求，促使形成"意向一致"的共同价值观念及利益关系，并为之积极行动。

治理结构指的是治理体系中各主体层次之间的责权利关系和组织架构，其基本形态由决策、执行、保障、监督等机构组成，表现为章程、政策、程序、关系等。关于高校治理结构，有学者认为是"为实现高校的教育目标，就高校内部治理的组织机构设置及其相互之间权力配置、制衡与激励等所进行的制度安排，以及对高校与外部利益相关者等关系进行处理的机制安排"。本节讨论的民办本科院校内部治理结构，指在民办本科院校这一特定场域内，治理主体为了实现办学治校目标及高等教育职能，协调内部利益相关方的各种利益关系和诉求而采取的体制安排以及使该体制有效运行的工作机制。

（二）完善民办本科院校内部治理结构的着力点

把民办本科院校内部治理结构视为一个整体的话，其基本构成要素包括治理主体、体制机制以及治理目标，这三者各有其特点，也是完善民办本科院校内部治理结构的主要着力点。

1.治理主体

目前我国民办本科院校的创办方式包括个人独资办学、股份合作办学、民营企业投资办学、公办高校转制办学、社会团体办学等，这体现了办学的社会化和市场化特点，也使得民办本科院校区别于公办高校而带有鲜明的企业法人性质。按照利益相关者理论，校党委、董事会、监事会、教授委员会、行政管理层是民办本科院校内部五大治理主体。其中，党委属于政治权力，主要由民办本科院校各级党组织行使职权；董事会属于资本权力，主要由民办本科院校的出资者或投资人行使职权；监事会属于民主权力，主要由民办本科院校各利益相关者如举办者代表、教职工代表、学生代表等共同行使职权；教授委员会代表学术权力，由专家、教授等组成的学术委员会等学术组织行使职权；行政管理层属于行政权力，主要由民办本科院校的校长、各处处长及学院院长等各层级行政管理人员行使职权。政治、资本、民主、学术、行政五大权力在价值诉求、权力运行等方面各不相同。治理主体多元是民办本科院校治理结构的特点，多元主体有多元化价值诉求，而凝聚多元治理主体的价值共识是民办本科院校治理结构完善过程中面临的首要问题。

2.体制机制

在领导体制方面，民办本科院校与公办高校具有显著区别。依据《高等教育法》，我国公办高校普遍实行党委领导下的校长负责制。但作为民办本科院校办学治校重要法律依据的《中华人民共和国民办教育促进法》没有规定民办本科院校的领导体制。《中华人民共和国民办教育促进法实施条例》也只是指出"民办学校应当坚持中国共产党的领导。"目前，国内多数民办本科院校实行"董事会领导下的校长负责制"。代表政治权力的党组织在民办本科院校主要起政治核心和监督保障作用，并在一定程度上参与学校重大事项上的决策及管理过程。代表资本权力的董事会是决策机构，决定学校发展规划、规章制度、经费预决算等重大事项。代表民主权力的监事会是监督机构，负责依法依规对学校办学行为进行监督。代表学术权力的教授委员会是学术机构，对学术事务进行组织和管理。代表行政权力的行政组织属于执行机构，执行学校董事会的决定，负责学校的教育教学和行政管理工作。在"董事会领导下的校长负责制"下，五大权力主体的职责范围相对独立又存在交叉，任一主体权力扩张都有可能导致权力结构失衡，治理结构失序。完善民办本科院校内部治理结构，就要构建一种多元权力的制度结构和机制安排，使民办本科院校党委、董事会、监事会、教授委员会、行政管理层等利益相关方权责利清晰，各司其职、各负其责、相互配合。

3.治理目标

民办本科院校作为独立法人，具有独立的财产，承担独立责任。但是，作为教育体系的构成部分，民办本科院校又具有公司法人所不具有的特性，要遵守教育规律。规律是客观存在、不以人的意志为转移的，只有在遵守规律的前提下才有可能实现治理目标。教育学家潘懋元先生认为教育规律分为内部和外部关系基本规律。遵守外部规律，要求民办本科院校要承担高等教育的社会责任，为社会发展提供优质的教育资源、输送德智体美劳全面发展的高素质人才，反映在治理目标上则体现为民办本科院校的办学质量、人才培养质量、社会美誉度不断提升。遵守内部规律，要求民办本科院校五大权力主体权责利明晰，五大利益相关方的利益诉求得到充分尊重和体现。民办本科院校内部治理结构完善要达到的目标就是兼顾民办本科院校的社会责任与内部各治理主体的差异化诉求。

## 二、高等教育质量生成机制与治理理论的内在契合

高等教育质量生成受到诸多因素的影响，主要包括政府管理体制机制、校企合作成效、社会对职业教育的认知等外部因素以及学校内部体制、治理结构、制度环境等内部因素。高等教育质量生成机制与治理理论在参与主体的多元性、公共权力的分散化、作用方式的多维化、终极目标的同一性等方面有着内在的契合。

### （一）参与主体的多元化

治理与管理的本质区别在于治理的"多元性"与管理的"一元性"。传统的管理是自上而下的具有典型科层制特征的一元管理，管理者既是"裁判员"又是"运动员"，既是"掌舵者"又是"划桨者"。权力集中、责权不清是管理的典型特征；喜欢大包大揽管理事务，焦头烂额、手忙脚乱是管理者的现实写照；疲于应付、唯命是从是管理者的现实困惑。

"全能型"的管理不仅因挫伤了员工的积极性而造成管理乏力，而且由于管理层的权力过大导致监督失效。治理提倡参与主体的多元化，通过共同治理达成共同目标，实现共同使命。纵观国内外的发展经验，由管理走向治理是解决组织内部问题的有效途径。这与教育质量生成机制有着内在的契合，教育质量的生成不是孤立因素作用的结果，而是不同因素共同作用的结果。如果只重视管理层的因素，而忽视了教职员工的因素，必然影响教育质量的生成效果。只有认识到影响教育质量的各种因素，通过体制机制改革、制度建设、机制建设等最大限度调动各种因素的积极性，才能形成正向合力，从根本上提高教育质量。

（二）公共权力的分散化

治理的精髓在于权力的去中心化，这就要求对权力重新分配。分权不但是一种权力转移和利益的重新分配，也是一种责任与义务的转移。民办本科院校权力分配体现在横向分权和纵向分权两个方面，在横向上重点向学术组织、民主组织分权，在纵向上向二级院系分权，形成组织结构的扁平化、权力主体的多元化、责任和义务的全员化的格局。通过权力的重新分配，明确各权力组织的责权和义务，激发各组织的能动性，激发全员参与的积极性，这与全面质量管理的理念一致，即强调全员的广泛参与，而权力的分散化是全员广泛参与的前提和基础。建立全员参与机制，教育质量问题才能被广泛关注，教育质量也才能趋向最优化生成。

（三）治理方式的多样化

治理理论既强调实行正式的强制管理，也强调实行民主协商管理；既强调依法管理、按章办事，也承认非正式的协商约定。一切有利于利益相关者的治理方式都会在治理过程中使用，治理方式的多样化是治理的过程特征。在教育质量生成过程中，政治权力不再直接提供服务产品，而是负责决策和制定形成服务产品的规则；行政权力也不再直接干预教育教学和科研，而是负责执行政治权力的决策，并为决策的顺利实施提供更加有效的服务；学术权力负责教育教学和科研等方面的具体决策与实施；民主权力在过程治理中发挥监督和反馈作用。各种权力组织从不同的维度，共同服务于教学质量的生成过程。通过多样化的治理方式，实施全过程的协同管理，这与全面质量管理的全过程管理的理念一致，即要求将教育工作以及构成和影响教育工作的资源与活动都作为过程来管理，在过程管理中实施有效控制和及时反馈，最终实现教育质量的改进。

（四）终极目标的同一性

各类治理主体本着利益的共同诉求，在互信、互利、相互依存、民主协商、求同存异的基础上，通过决策、执行、检查与反馈的质量循环，实施民办本科院校治理，其终极目标是提高学校的教育质量，包括人才培养质量、科学研究质量、社会服务质量和文化传承质量等。教育质量是亘古不变的话题，提高教育质量永远是学校治理追寻的目标。学校治理的终极目标与教育质量追寻的目标具有同一性。正是这种同一性，增强了教育质量与治理理论的内在契合，奠定了从教育质量的视角开展民办本科院校内部治理结构改革的理论基础。

**三、治理结构与质量文化的关系**

民办本科院校治理结构与质量文化的关系，实质上是治理结构如何影响和塑造质量文化的问题。治理结构的合理设计和有效运行，能够为质量文化的培育提供良好的土壤和环境。在民办本科院校中，治理结构的优化不仅能够促进内部管理的科学化、民主化，还能够激发师生员工的参与热情，形成共同的质量文化氛围。通过明确的治理目标和合理的权力分配，可以确保质量文化的建设既符合教育规律，又能够满足社会和教育发展的需求。

民办本科院校治理结构的完善，需要在遵循教育规律的基础上，结合学校自身特点，构建起一套科学、民主、高效的管理体系。这一体系应当能够保障学校在追求教育质量的同时，兼顾社会责任和内部治理主体的差异化诉求。通过治理结构的优化，民办本科院校可以更好地实现质量文化的培育，从而推动学校整体质量的提升，实现可持续发展。

## 四、民办本科院校质量文化培育与治理结构的冲突表现

在民办本科院校中，质量文化培育与治理结构之间可能存在一些冲突。首先，治理结构可能过于僵化，缺乏灵活性，难以适应快速变化的教育环境和质量文化发展的需求。其次，治理结构可能过于集中，缺乏民主参与，导致师生员工对质量文化建设的参与度不高，难以形成共同的质量文化氛围。再者，治理结构可能过于注重短期目标，忽视了质量文化的长期培育和积累。此外，治理结构可能过于依赖行政命令，缺乏有效的激励和约束机制，难以激发师生员工的积极性和创造性。这些冲突表现，不仅影响了质量文化的培育，也制约了民办本科院校的可持续发展。

## 五、民办本科院校质量文化培育与治理结构的冲突原因

冲突的原因是多方面的。一方面，治理结构的设计可能没有充分考虑到质量文化培育的特殊性，导致治理结构与质量文化培育之间存在理念和实践上的脱节。另一方面，治理结构的运行可能受到传统观念和利益格局的束缚，难以进行必要的改革和创新。此外，治理结构可能缺乏对质量文化培育重要性的认识，导致在资源配置、政策制定等方面对质量文化培育的支持不足。最后，治理结构可能没有建立起有效的沟通和协调机制，导致治理主体之间缺乏有效的信息交流和合作，影响了质量文化培育的整体效果。要解决这些冲突，需要从治理结构的设计和运行机制上进行深入的改革和创新，以适应质量文化培育的需求，推动民办本科院校的高质量发展。

## 六、解决民办本科院校质量文化培育与治理结构冲突的策略

第一，加强治理结构的顶层设计，确保治理结构与质量文化培育目标的一致性。这包括明确治理结构的改革方向，使之与质量文化培育的长远目标相匹配，以及在治理结构中嵌入质量文化培育的元素，确保治理决策和行动能够促进质量文化的形成和发展。

第二，增强治理结构的灵活性和适应性，以应对教育环境和质量文化发展的快速变化。这可以通过建立动态调整机制来实现，允许治理结构根据内外部环境的变化进行及时调整，从而更好地支持质量文化的培育。

第三，推动治理结构的民主化，鼓励师生员工广泛参与质量文化的建设。这可以通过建立多元化的参与平台和渠道，如师生代表大会、质量文化论坛等，让师生员工在质量文化的培育过程中有更多的话语权和决策权。

第四，强化治理结构的激励和约束机制，激发师生员工的积极性和创造性。这可以通过制定与质量文化培育相关的激励政策，如质量文化贡献奖、优秀质量文化项目评选等，以及建立质量文化培育的监督和评估体系，确保质量文化培育的有效性和持续性。

第五，建立有效的沟通和协调机制，促进治理主体之间的信息交流和合作。这可以通过定期召开质量文化培育协调会议、建立跨部门质量文化工作小组等方式，确保治理结构中的各个主体能够就质量文化培育的目标和措施达成共识，并协同推进质量文化的培育工作[1]。

# 第三节　民办本科院校质量文化培育同质化

## 一、民办本科院校发展的同质化：表征、原因与对策

---

[1]孙雷. 现代大学制度下的大学文化透视[M]. 北京：光明日报出版社，2010.

同质化是当前我国高等教育领域中一种普遍现象，民办高校同质化的现象也非常明显。民办高校不仅模仿普通公办高校人才培养模式，而且民办高校之间在办学定位、学科专业等方面日益趋同。民办高校"同质化"现象的日趋严重，直接削弱了民办高校的发展竞争力，严重制约着民办高校持续健康发展。以下尝试通过分析民办高校同质化现象及其原因，揭示民办高校同质化的机理，为克服民办高校同质化现象寻找现实基础和学理依据。

（一）民办高校发展同质化现象的表征

伴随着高等教育的发展，高等教育分层应愈来愈明确，不同类型的高等学校应以追求和发展自身的特色作为自己的目标，进而形成"百家争鸣，百花齐放"的高等教育格局。然而，在办学实践中，我国民办高校在培养目标、专业设置等方面，不仅模仿普通公办高校，而且民办高校之间也日益趋同。办学定位的同质化和学科专业的同质化，成为民办高等教育发展的普遍现象。

1.办学定位的同质化

这是民办高校同质化发展的重要方面。目前，部分民办高校在向优质公办高校学习的过程中，不顾及学校生源、教育质量、科研优势等校情，盲目求大求全，不切实际地企求短时间办成"高水平""国际化""综合性"的"国内一流大学"，甚至为"世界一流"，强调向研究型、综合性方向发展。以陕西某4所民办本科高校为例，4所高校先后提出"多学科、多专业、综合性的普通本科高校"的定位。这种高度同质的办学定位在全国民办高校非常普遍。以山东为例，山东英才学院、烟台南山学院、青岛滨海学院等3所民办本科高校分别设有12、24、13个二级学院，分别开设66、68、76个本专科专业，涵盖经济学、管理学、文学、艺术学、工学等众多学科门类。"多学科、综合性"似乎成为民办高校升格为本科高校的发展趋势及高水平的标志。虽然"多学科、综合性"有其有利的方面，但是多学科综合性本科高校有自身规律，不顾自身条件，盲目、急切地向多学科综合性高校过渡，往往会导致特色不明，实力不强；而且，一个地区不能容纳太多综合性本科高校，这种高度同质化的办学定位并没有形成"错位"发展的健康"生态域"，必将阻碍学校向高水平民办高校发展。

2.学科专业的同质化

众所周知，高校专业设置应着眼未来，对学生和社会负责，它既要与市场需求相适应，同时还要考虑学校人力、物力和智力等资源的储备。但是，在办学实践中，部分民办高校为了吸引生源，增加学费收入，罔顾自己的办学条件，盲目追求学科规模扩张，一窝蜂地开办"热门专业"，其结果是导致专业设置雷同。专业趋同化因此成为民办高校同质化发展的另一普遍现象。以上述陕西4所民办本科高校为例，4所高校2024年的专业设置趋同，"统招本科平均设置22.2个专业，平均趋同率达71%；统招专科平均设置22.5个专业，平均趋同率达65%"。据调查，目前大多数民办高校都有财务会计、工商管理、旅游管理、行政管理、市场营销、国际经济贸易、计算机科学与技术、英语、法学等投入少、易招生的热门专业，部分专业有的学校一个专业招3000到5000人，甚至更多。专业设置过于重叠，不仅造成教育资源浪费，还在一定程度上加剧了高等教育生态失衡以及热门专业毕业生的就业难度，不利于民办高等教育持续健康发展。

作为新兴的高等教育力量，民办高校在向优质公办高校学习的过程中，在培养目标、专业设置等方面所呈现出的趋同性，是一种发展的必然，具有一定合理性。但是，我们必须清醒地看到，民办高校发展的高度趋同化，必然会导致高校之间的恶性竞争、大量教育资源的浪费以及人才培养结构失调。因此，经过20余年超常规发展的民办高校，现在也应认真反思发展模式，科学定位，彰显特色，克服趋同性，瞄准差异性，走一条"以质量求生存、以特色求发展"的可持续发展之路。

（二）民办高校发展同质化的制度性根源

新制度主义认为，当代社会中，一个组织趋同现象的形成，源于该组织所处的法律制度、社会规范、市场导向等制度环境。民办高校作为一个高等教育机构，之所以出现办学高度趋同化现象，究其根源，也是强制性机制、模仿性机制、社会规范机制、市场导向机制四种机制在起催生作用。当然，这四种机制在现实生活中往往是同时、复合地发生作用。本节对四种作用机制进行区分，主要是为了分析上的方便。

1.强制性机制："由外而内"驱力的作用

所谓强制性机制是指在一个组织场域中，组织必须遵守政府制定的法规、政策等，以此获得合法性或资源支持。否则，该组织将失去社会的认可或遭受惩罚。民办高校作为社会组织的一个部分，毫无疑问要遵守国家和政府制定的（民办）高等教育相关法规。因此，这种强制性同形现象在民办高校同样存在。众所周知，我国先后颁布了《高等教育法》《民办教育促进法》等系列法律法规。这些法规政策，对于促进和规范民办高等教育发展具有积极作用；但是，另一方面，这种具有"大一统"特点的高等教育立法在某种程度上也产生了强制趋同的作用，限制了民办高校的多样性发展。比如，《民办教育促进法》规定了民办高校享有与公办高校同等的法律地位、义务、权益、责任等，这些相同的限制性法律规定有利于民办高校自"体制性"歧视中解脱出来，但是，也会驱使民办高校模仿公办高校办学，期望以此获得组织的合法性、政府资源的支持和社会的认可。

政府对民办高校的管理体制与评估机制，也是导致民办高校办学趋同化的一种强制性驱力。目前，我国政府对民办高校的管理体制基本上沿袭公办高等教育管理模式，其管理内容、方式、方法大多沿用对公办高校的管理内容、方式、方法。这种对公办高等教育管理模式的简单复制，虽然简单易行，但是束缚了民办高校的手脚，使其难以办出特色。尤其是具有导向作用的教育评估制度，忽视民办高校的特殊性与差异性，用公办高校的标准来衡量民办高校。因此，为了获得良好的评估成绩，达到教育主管部门的评估要求，确保通过评估，民办高校宁可失去特色，也要削足适履，千方百计使自己的办学行为和模式都符合评估标准。毫无疑问，这种单一评估标准自然会造成民办高校向公办高校趋同。

政府对高校专业设置的制度规约也是民办高校专业设置趋同化的又一强制力量。我国高校专业都要按照教育部颁布的《普通高等学校本科专业目录》要求来设置。《普通高等学校本科专业目录》是设置和调整专业、实施人才培养、安排招生、授予学位等工作的重要依据。该专业目录虽然历经1998年、2012年、2015年、2024年等多次修订，专业划分更加规范合理，给予高校的自主权越来越多，但是高校要申请设置尚未列入专业目录的新专业，仍需要经过教育部审批。在这种"专业目录"管制约束下，民办高校专业设置的差异化和灵活性受到了限制，专业设置的过度趋同现象自然难以避免。

2.模仿性机制："由内而外"驱力的作用

模仿机制就是一组织模仿场域中其他成功组织的行为和做法，是一种"由内而外"的作用方式。一般而言，同一领域中较高层级或更具"成功"的组织的做法和行为容易被中间层次和层级较低的组织所模仿。就高等教育领域而言，地位较高的高校容易为地位较低的高校所模仿，这种模仿使"整个高等教育系统的差别又趋于缩小，向着名牌大学的特点和风格发展"。我国民办高校与公办高校的高度同质化，模仿性趋同力量也不容忽视。

众所周知，我国是公办高等教育长期占绝对统治地位的国家。公办高校，尤其是公办重点大学，不论是在政策、资金方面获得的巨大支持力度，还是在国民心目中所获得的影响力与美誉度，抑或是对优质生源形成的持续吸引力，都是民办高校所倾慕的对象。与公办高校在我国高等教育体系中所处的强势地位形成强烈反差的是，民办高校是"体制之外"的产物，它们仍然一直游离于我国高等教育边缘，其从属和弱势的地位并没有得到根本改变。因此，民办高校为了生存发展，必然会主动淡化自身的"民办"色彩，将公办高校作为发展的标杆倾力模仿，全方位借鉴公办高校尤其是重点大学的理念、办学模式、行动方式，走与公办大学同质化路径。客观地说，民办高校的模仿，不仅使民办高校获得更多的资源，获得存在的合法性地位，还在一定程度上减少了外部环境的不确定性给学校带来的冲击，也促使民办高校更加正规化。在某种程度上说，这种模仿性趋同或许成为一种有益的驱力。

3.社会规范机制："渗透式"的驱力作用

社会规范机制是一种"渗透式"的作用方式，它是指一些社会规范带来的共享观念、共享的思维方式指导着人们和组织沿着相同或者相似的路径发展。众所周知，民办高校在社会属性、教育目标等方面与公办高校并无二致，但是，民办高校的办学资源仅来自不稳定的社会资源和市场资源；而且，我国"官尊民卑"观念根深蒂固，民办教育长期不为人们所信任，甚至在很多人看来，公办教育才是真正教育，民办教育为"旁门左道"，不正统，不正规。因此，长期游离于高等教育边缘的民办高校，需要借助公办高校影响，从各个方面逐步向公办高校趋同，以获取社会认可及其合法性地位。在办学实践中，我们不难看到，公办高校教师成为民办高校教师队伍的重要来源，大量公办高校退休的高层领导成为民办高校的高层管理者。民办高校之所以这样做，其主要目的是宣示自身师资管理力量的强大，提升师资管理水平，以破除社会对民办教育的"怀疑论"。但是另一方面，也会更加促使民办高校与公办高校趋同。因为这些被民办高校聘用的公办高校教师是公办高校学术规范的载体，他们已将公办高校的学习、学术与教学的规范内化；公办高校退休的高层领导则会将自己熟悉的在公办高校多年的行政管理经验逐步"渗透"并运用到民办高校，在学校中建立起与公办高校至少"形似"的、更符合"社会认可"的行政、教学、学术机构和管理体系。这亦是民办高校与公办高校趋同的一种不可忽视的力量。

4.市场逐利机制：民办高校经济利益的驱使

与公办高校相比，民办高校更加依赖、受控于市场，而且与美、日等私立大学捐资办学不同，我国现阶段民办高校则是以投资办学为主，即事实上是有投资回报需求的。因此，民办高校所表现出来的功利性、寻利性，要比公办高校更为急切。由于学费是民办高校办学经费来源的主要渠道，在校生的规模直接关系着民办高校的生存与发展。因此，为了在较短时期内获得最大的经济利益，部分民办高校往往不顾自身办学条件与社会的实际需求，盲目设置新专业，盲目追求办学规模的扩大，五千人的学校想发展到一万人，一万人的学校想发展到三万甚至四万人。正是由于民办高校自身存在的这种急功近利、逐利求大的行为，使得学校的办学特色逐渐趋同，千篇一律，导致民办高校同质化现象日趋严重。

（三）民办高校去同质化的制度安排

要克服民办高校同质化发展所形成的路径依赖，需要借助外力效应，打破既定制度的局部均衡与锁定状态。"在社会所有制度安排中，政府是最重要的一个。政府可以采取行动来矫正制度供给不足"。当务之急，政府应从解决民办高等教育同质化发展中突出问题着手，进一步加强民办高等教育发展的顶层设计，充分发挥政策引导和资源配置的作用，引导民办高校特色发展。

1.顶层设计：整体设计全国民办高校发展政策

政府要以健全现代高等教育治理体系为目标，加强顶层设计，注重综合改革，释放制度改革的活力，打造民办高等教育特色发展的新动力。"顶层设计"要以长期战略思维，清晰确定我国民办高等教育发展的价值、目标、思路和路径等；要切实解决困扰民办高校发展的制度瓶颈，尤其是要根据2018年底新修订的《民办教育促进法》，对于民办高校的法人归属、产权制度、财政资助、税收优惠等"久悬未决"的问题制定出相应的配套政策及实施细则，进一步明晰民办高等教育投资者的合法权益和市场预期，减少投资者对未来的不确定性，为民办高等教育特色发展提供强有力的制度保障。

2.舆论引导：培育有利于民办高校特色发展的舆情氛围

在新制度经济学家看来，价值观念、文化习惯等属于非正式的制度安排，在规范和调节人们行为关系中也会产生一系列积极或消极的影响，且其影响力是持久的、潜在的。如前所述，受根深蒂固的"官尊民卑"传统心态的影响，长期游离于高等教育边缘的民办高校，不得不借助公办高校影响，从各个方面逐步向公办高校趋同，以获取社会认可及其合法性地位。因此，要摆脱这种由社会观念、思维带来的社会规范同形机制的影响，一方面需要民办高校加强内涵发展，强化办学特色，提升自身实力，用事实说话；另一方面，也需要政府演绎好"舆论领袖"这一角色，加强宣传引导，凝聚各方共识，形成有利于民办高校特色发展的改革合力。

3.科学规划：引导民办高校特色办学

政府规划对于整合高等教育资源，引导学校科学定位，全面提升办学水平，具有不可替代的重要作用。首先，政府要根据高等教育和经济社会的发展规律来合理规划高等教育的规模、布局、投入，建构一个开放、多元、包容的结构体系，统筹协调公办与民办高等教育良性发展，形成学校规模核定的新常态、高校结构优化的新常态、产教融合的新常态，引导每一所大学按规律办学，努力实现各类教育各安其位、各司其职、错位发展的良好格局。其次，要尽快制定实施"国家一流民办大学建设工程"，引导民办高校向高水平、应用型、特色化发展，形成民办高校特色发展的良性竞争态势。

4.转变职能：完善民办高等教育管理模式

高校要办出特色，走出同质化的误区，还需要从保障高校办学自主权入手。基于此，政府应以转变职能为重点，构建起一个科学有效的高等教育治理体系。一是明确政府职能边界，减少对高校的管控，还高校以行为独立权。要按照"法无授权不可为、法定职责必须为"等原则，建立权力清单、责任清单和负面清单制度，进一步明晰政府管理边界，充分尊重学校办学自主权，真正将招生自主权、专业课程设置权等具体办学权归还学校，引导民办高校办出特色，走出同质化的误区。二是创新管理方式，更多地运用评估、规划、立法、财政杠杆以及信息服务等方式引导民办高校特色发展。三是积极培育社会中介服务体系，尤其是要鼓励和支持中介评价机构积极介入民办高校转型发展，充分发挥它们在民办高等教育治理中的作用。

5.分类治理：完善（民办）高等教育管理政策

"建立高校分类体系，实行分类管理"，是促进高等教育"优化结构、办出特色"的重要路径之一。在高等教育大众化进程中，政府要构建合理的高校分类分层体系及其标准，强化从事不同层次教育高校的区别，明确现有各类高校的办学层次、办学目标以及发展方向，为高校明确发展方向、凝练办学特色提供指导。同时，要全方面界定营利性和非营利性民办高校，进一步明确政府对两类民办高校的差别化扶持方式和力度，引导民办高校正确定位、办出特色和水平。

6.分类评估：建立多样化的评估指标与标准体系

如前所述，政府套用公办高校的单一的评估体系是民办高等教育同质化发展的重要原因。因此，政府首先要根据不同类型、层次的民办高校制定出一套适合民办高校多样化发展的评价标准和评估体系，实行分类办学。各类型的民办高校实行"对号入座"，在不同层次合理定位，彰显自身的特色和个性，进而促进民办高等教育生态良性发展，避免同质化倾向。由于目前我国民间专业评估机构严重不足，而且大部分受制于政府机构，独立性差，社会影响力不高，因此，当前政府还要积极扶持民间专业评估机构的发展，通过政策鼓励第三方专业评估机构开展客观、专业、中立的社会评估。当然，教育行政部门应定期对中介机构进行元评估，同时加大评估的信息公开程度，通过公开信息加强社会监督，发挥评估的激励和约束作用。

当然，要克服办学同质化现象，实现民办高校特色发展，并非一朝一夕、一蹴而就，它是一个系统工程。它不仅需要突破民办高等教育发展的体制机制障碍，构建新常态下民办高等教育公共治理的新机制；更有赖于民办高校塑形象、强实力、调结构，加强内涵发展，切实从重外延扩张向重内涵建设转变、从趋同型办学向特色化办学转变，探索出一条适合学校自身的特色发展之路。

**二、民办本科院校质量文化培育的同质化挑战与对策**

（一）同质化现象的定义与表现

1.同质化现象的定义

同质化现象指的是在某一领域内，不同个体或组织在发展过程中逐渐丧失其独特性，变得越来越相似的现象。具体到民办本科院校，意味着这些院校在教育理念、课程设置、教学方法、管理模式等方面趋于一致，缺乏明显的差异化特征。这种现象不仅削弱了院校的竞争力，还可能导致教育资源的浪费和教育创新的停滞。

2.同质化现象的表现

同质化现象在民办本科院校中的表现多种多样，具体可以从以下几个方面进行分析。

（1）教育理念的趋同

许多民办本科院校在办学过程中，往往盲目模仿其他院校的成功经验，导致其教育理念缺乏独特性和创新性。这种趋同现象使得不同院校之间的教育理念难以区分，难以形成各自的办学特色。

（2）课程设置的雷同

为了追求所谓的"热门专业"和"市场需求"，许多民办本科院校在课程设置上高度相似，缺乏针对性和个性化。这种雷同现象不仅使得学生的选择范围受限，还可能导致教育资源的重复配置和浪费。

（3）教学方法的单一化

在教学过程中，一些民办本科院校过于依赖传统的讲授式教学方法，忽视了现代教育技术的应用和学生个性化需求的满足。这种单一化的教学方法难以激发学生的学习兴趣和创新能力，影响了教育质量的提升。

（4）管理模式的僵化

部分民办本科院校在管理模式上过于保守，缺乏灵活性和创新性。这种僵化的管理模式不仅难以适应快速变化的教育环境，还可能导致管理效率低下和教育资源的不合理配置。

（二）同质化现象的成因分析

1.市场导向与政策环境的影响

民办本科院校在发展过程中，受到市场导向和政策环境的双重影响，导致了同质化现象的产生。一方面，随着市场经济的发展，教育产业化的趋势日益明显，民办院校为了追求经济效益，往往采取模仿市场热门专业和课程设置的策略，以吸引更多的学生和资金。另一方面，政策环境的不确定性也促使民办院校在办学方向和教育内容上趋于保守，以确保符合政策要求，减少风险。这种双重影响使得民办本科院校在教育理念、课程设置、教学方法和管理模式等方面趋向一致，缺乏创新和差异化。

2.教育资源分配不均与竞争压力

教育资源的分配不均也是导致同质化现象的一个重要原因。由于资源有限，民办本科院校之间为了争夺优质师资、学生和资金等资源，往往采取相似的策略和方法，这进一步加剧了同质化现象。同时，激烈的竞争压力迫使院校在办学过程中过分追求短期效益，忽视了长期的教育质量和特色建设。这种短视行为导致了教育内容和方法的单一化，使得民办本科院校难以形成自己的教育特色和优势，从而在教育市场中失去竞争力。

（三）同质化对民办本科院校的负面影响

## 1.创新能力的抑制

同质化现象在民办本科院校中的普遍存在，严重抑制了院校的创新能力。由于缺乏差异化和个性化的发展方向，院校往往难以形成独特的教育模式和教学方法，这限制了教育创新的空间。在这样的环境下，教师和学生都可能缺乏探索新知识、新技能的动力和机会，从而影响了整个院校的创新氛围和能力。

## 2.学生个性化发展的限制

同质化现象同样对学生个性化发展造成了限制。在课程设置和教学方法趋于一致的环境中，学生难以根据自己的兴趣和特长选择适合自己的学习路径，这不利于学生个性化潜能的挖掘和培养。长此以往，学生可能无法获得全面而深入的教育体验，影响其未来的职业发展和社会适应能力。

### （四）民办本科院校质量文化培育的差异化策略

## 1.建立特色教育品牌

为了应对同质化挑战，民办本科院校应致力于建立具有自身特色的教育品牌。这包括深入挖掘院校的历史文化、学科优势和区域特色，形成独特的教育理念和办学模式。通过特色教育品牌的建设，院校可以更好地吸引学生和师资，提升教育质量和竞争力。例如，一些院校可能专注于某一特定学科领域，如艺术、科技或商业，通过与行业紧密合作，提供实践性强的课程和实习机会，从而培养学生的专业技能和创新能力。

## 2.强化校企合作与实践教学

校企合作是民办本科院校差异化发展的重要途径。通过与企业的紧密合作，院校可以及时了解行业需求，调整和优化课程设置，使学生的学习内容与实际工作需求紧密对接。实践教学的强化不仅能够提高学生的实际操作能力，还能促进学生对理论知识的深入理解。此外，校企合作还能为学生提供实习和就业机会，增强其就业竞争力。通过建立校企合作平台，民办本科院校可以更好地实现教育与产业的对接，形成具有特色的教育模式①。

# 第七章　民办本科院校质量文化培育

在当今高等教育日益多元化与竞争激烈的背景下，民办本科院校作为教育体系中的重要组成部分，其质量文化的培育成为提升教育品质、增强核心竞争力的关键所在。本章将深入探讨民办本科院校质量文化的现状、目标原则及培育路径，旨在为构建高质量教育体系提供策略指导。

## 第一节　民办本科院校质量文化培育现状分析

### 一、我国大学质量文化建设的现状、问题及成因

（一）我国大学质量文化现状

自我国改革开放实行市场经济以来，受世界其他国家的影响，质量越来越成为产品在激烈竞争中取胜的不二法宝。从20世纪80年代开始，

---

①赵海峰．民办本科高校教学质量保障体系建设研究——基于浙江省民办本科高校的调查分析[D]．厦门：厦门大学，2020.

我国企业从日本引进了全面质量管理理念，更有些大型企业通过企业质量文化建设取得了明显的经济和社会效益，吸引了部分教育专家和学者将目光投向质量文化，借鉴企业质量文化来研究高校质量文化的构建问题。

在这样一个大环境下，我国高等教育也取得了很大的进展，不论是高等教育的规模还是高等教育的教学水平和办学设施都有了很大的提高。但与此同时，高等教育质量问题随着高等教育规模的不断扩张而日益凸显，高等教育的教育质量和其培养的人才质量受到社会和用人单位的广泛关注，质量文化的概念也被引入到高等教育研究领域之中。在当今全体社会质量意识不断增强和更加科学的管理方法应用的环境影响之下，高校的教职员工和管理人员的质量观念有了很大的改变和提高，高校质量文化的概念也被广大师生和教职工所接纳，质量文化经历了从无到有、从意识形态发展到形成了行为习惯和规章制度的过程，行政办事效率得以大大提高，校园环境更加优美，广大师生员工的精神面貌更加积极向上。与此同时，高校纷纷积极建设质量保障体系，制定相应的质量管理制度，并取得了一定的成果。国家也很重视高等教育的教育质量，采取了各项措施，也将对高校的检查和调研列入常规工作，例如正在建设中的本科教学水平评估制度。因此可以说，我国高校内从上至下质量意识的加强都得到了充分的体现。

但必须重视的是，由于历史的局限，即经济不够发达、管理体制落后以及历史残余体制和思想的影响，质量文化尤其是高校质量文化的发展仍然十分缓慢，并存在种种问题。例如高等教育的改革虽然在不断地进行中，但仍然无法完全摆脱旧有思想观念的影响，科学的质量管理工作开展得也不够全面，只是重规模、重数量、重经济效益，质量管理和建设的工作往往流于形式等等。总体而言，表现在以下几个方面：

首先，由于高等教育的不断扩张，普通高等教育的学生数量急剧增长，1998年高校的招生规模是108万，至2023年增长到了1000多万。在校人数的大幅变化意味着学生群体在行为方式、价值观和心理特征上的多元化都比精英化教育阶段的学生群体要高，很多学生仅仅将大学看作入职前的准备阶段，因此对自身的要求相对较低。与此同时，由于市场导向的作用，与世界上其他国家相比，我国大学文科生在大学生中所占的比例过低，人文学科在高校受重视程度不够，相关高校质量文化的研究也进展缓慢。

高校招生规模的扩张带来的除了大幅增加的入学人数之外，也直接导致了高校校园面积的扩张和校园环境的剧变。我国高校校园的扩张主要通过两种方式进行：修建新校区和通过合并扩大老校区。校园环境是高校质量文化的物质依托，在创造学习氛围和传递学校精神方面具有不可替代的作用。新修的教学楼和合并的校园短时间内并不利于高校内部生成其独特的质量文化。

在过去十几年里，教师队伍的规模也大幅增加。如今将近一半的在职教师是新教师。作为质量文化的创造者，这些教师为高校内部质量文化注入了新活力，同时也使教学技能和教育方式发生改变，影响到原有的质量文化。另外，由于市场因素的影响，教师的科类结构也发生了明显的变化，经济学科的教师所占比例大幅升高，理学教师所占的比例则大幅下滑，这说明为适应劳动力市场的需求，大学的课程设置更偏向职业性和应用性的课程，应用学科的教师比例明显增大，科学主义文化和商业主义文化在校园内大行其道，影响和制约了包括质量文化在内的人文文化的发展。

由于高校学生数量的增加，高等教育的质量观也更加趋于多元化。对教师而言，由于中国高等教育已经由精英教育转向大众教育，大学的课程也更加地强调为学生的职业生涯做准备，培养应用性的人才。因此，传统的教学模式已经不适用于现代社会和高校教育的要求。高校的教师也被迫改变了他们的学术生产方式。他们的生产不再以知识为目的，把大学看作一个单纯的研究的场所，而是将高校看作一个应用的环境，有效地生产并传递适应社会需求的、跨学科的和流动的知识。在这样一个不确定的和高风险的社会环境中，教师的知识生产和传递难以摆脱外界的影响，增加了高校处理科技文化和商业文化与质量文化之间的矛盾的难度。

因此，我国高等学校质量文化的形成不够系统和牢固。现今我国高等学校的质量文化建设还不够健全，人们的质量意识还有待提高，但这几年我们在高等学校质量文化建设方面取得的进展是不容忽视的。质量文化的建设是一个系统工程，需要长时间的培育和形成，不能急功近利，不能忽视它的长期性。只要我们重视质量管理，运用积极、科学的有效途径，就能建立起健康优秀的高等学校质量文化。

（二）我国大学质量文化存在的问题及其成因分析

由上面可以得知，我国大学建设质量文化还存在不少问题。高等学校的质量文化的建设直接影响到高等教育的质量，关系到高等学校的长远发展。重视现存问题，是建设符合高校实际情况的质量文化必然过程。

1.我国大学建设质量文化缺乏一个良好而成熟的社会环境

我国拥有悠久的历史，积淀的文化基础也相当雄厚。其中的封建文化至今仍然深刻影响着我们，尤其是封建文化中的"官本位"的思想更是根深蒂固。在这种环境的影响下，人们在工作中通常人浮于事、急功近利，质量文化没办法获得重视，自然也谈不上发展。而在管理部门中，管理者往往更注重眼前的经济效益，对质量问题并不重视，这对于质量文化的形成和传播毫无益处。

与此同时，由于高等教育规模的不断扩大，高校的不断扩招，我国的大学教育已经基本完成了精英教育向大众教育的转变，无论是在校的师生数量还是高等院校的规模都增加了好多倍。在这个扩张的过程中，高等学校不可避免地会将人力、财力和物力优先投入到基础建设之中，满足基础建设的需要，从而忽视对高等学校质量文化的建设。而大学生的生源质量必定会随着高校的扩招而有所下降，影响到大学生的整体素质，进而影响到高等学校质量文化的实施。

高校内部的质量教育也比较滞后。在我国，质量文化的概念被引入到高等教育领域的时间不长，没有引起足够的重视，导致我国高校的教育质量不能满足社会的当前需求，更与社会长远发展的要求相差甚远。高校内的质量教育往往由于经费和人力以及其他方面原因的限制而不能够大量开展，导致无法普及质量教育。相关的课程设置也比较落后，导致师生的质量意识薄弱。

2. 质量管理的理论不够先进，方法不够科学

最初的质量文化来源于企业文化，是一种组织文化和管理文化的综合体。质量文化着重提倡全面质量管理理念，并形成了以ISO9000质量体系为标准的评价体系，全力提升企业和组织全体人员的质量理念和质量管理技术与方法。与企业管理不同，高校至今并未广泛应用全面质量管理的理念和ISO9000质量标准体系。当然，将这些主要针对企业的质量理念、质量管理方法生搬硬套地应用于高等学校管理不能达到最佳的效果。但这并不意味着适合企业的先进的科学的管理办法就不能适用于高等教育领域。不论任何组织和个人都应该学习借鉴其他优秀的科学高效的管理体制，高等学校也不例外。我国关于高等学校质量文化的研究起步较晚，高等教育也处在一个不断扩张不断变化的阶段，情况比较复杂，所以要改进如今我国高校落后的管理体制，学习企业质量文化的先进经验，吸取其精华，完善适用于高等学校的质量文化理论，结合高校的实际，通过科学的实施质量管理工作，提高全体师生和教职员工的质量意识，建设科学的高等学校质量文化。

3. 高等学校质量文化的相关制度不够完善

虽然现在各高等学校都制定了较为详细的质量规章制度，配备了相关的质量管理人员，但实际上在操作的过程中往往并不尽如人意。许多制度仅仅是为了应付上级检查而制定的一纸空文，还有一些是私下的口

头承诺或是长期以来约定俗成的习惯，而不是严格的管理制度。在这种情况下，人们的质量行为往往显得拖沓、随意、无责任感、无规范性，仅仅只是应付了事以求蒙混过关。同时还缺乏相配套的有效的监督机制，以解决各个部门在质量管理工作中协调性不够好，合作性也较差，出现问题之后往往会导致权责不明、相互推诿的状况。

高等学校质量文化的制度一旦制定，就应当切实应用于高等学校的日常教育教学的各项工作之中，而不能将其作为摆设。同时要在原有的规章制度的基础上灵活变通，利用各种有效的方法，使质量文化建设和质量管理的工作更加科学和完善，也更易于执行。并加大监督工作的力度，以确保相关规章制度得以真正贯彻和落实。

4.质量文化研究滞后，质量意识薄弱

我国目前整体经济发展水平还不够高，整个社会的质量意识还比较浅薄，相对国外发达国家而言，还处在"重量不重质"的阶段，质量观念还有待提高。受社会的影响，尽管我国高等学校的质量意识在逐步增强，但由于质量文化应用于高等教育领域时间不长，质量文化的研究还没有完全开展起来，相关的质量文化的理论研究也相对滞后，以至于对质量观的认识也比较肤浅，理解得不够深刻，质量意识也很薄弱且不牢固。很多的质量文化也仅仅停留在单纯的喊口号和打标语的层面上，缺乏一个成熟而科学的理论体系和健全的运营机制。建设一个优秀的高等学校质量文化体系是一个长期的过程，不仅需要先进的理论基础，更需要科学的管理和优秀的人才。

## 二、民办本科院校质量文化培育的成效与困境

### （一）民办本科院校质量文化培育的成效

与我国高等教育质量管理经历的阶段基本一致，民办本科院校在探索建设质量文化、实现高质量发展过程中，也历经了"外部评估监督"到"内部质量保障"，再转向"质量文化建设"的过程。随着新一轮本

科教育教学评估制度体系的建设，"内外联动、齐抓共管"的高校教学质量制度和文化体系基本形成。

为了加强对高等学校教学工作的宏观管理和指导，尤其是重点督促和保障包括民办本科院校在内的新建本科高校教学质量建设，近年来，教育部门自上而下建立实施了"五位一体"高校本科教学评估制度，其中，院校评估包括本科教学工作合格评估和审核评估。2011年，教育部印发了《关于开展普通高等学校本科教学工作合格评估的通知》，本科教学工作合格评估，成为引导和督促新建本科高校规范办学、特色育人的重要督导评估政策。自此，在普通高等学校本科教学工作合格评估中，民办本科院校被全部纳入到教学评估的范畴。2020年，《关于深化新时代教育督导体制机制改革的意见》颁布实施，普通高校本科教学工作合格评估进入改革年。参评高校突出数量与质量并重，事业指标进步与人民群众满意并重，切实将高质量发展策略落实到评估指标的完善及具体的日常评估工作中。

从民办本科院校参加教育教学评估经验和后续治理效果看，在本科高校教学工作合格评估中，将所有民办本科院校全部列为评估对象，从现有评估的经验及其达到的效果来看，教学工作合格评估整体上提高了民办本科院校的办学水平和育人质量。一是进一步引导参评学校明确了办学定位。多数参加过合格评估的民办本科院校办学定位更加科学合理，教学中心地位得到进一步加强，人才培养中心地位更加突出，质量生命线意识更加牢固，以更好地适应国家战略和区域经济社会发展需求。二是办学条件得到明显改善，经费投入持续增加。历经教学评估洗礼，多数高校办学条件持续得到改善，教学设备、育人环境、图书期刊资源不断升级优化；教学经费投入力度不断增加，在经费投入总量教学经费总额达标的基础上，经费支出结构不断优化，教学专项经费和教学改革支出占比持续提升，教学中心地位更加突出。同时，师资队伍建设成效也极为显著，参评民办本科院校的教师队伍在数量、质量及结构上有了明显优化，这都为教育改革、育人质量的提升提供了强有力的保障。三是教学质量保障体系初步建立运行。通过以评促建，各民办本科院校都探索建立了适合本校的本科教学质量保障体系，通过制定各环节质量标准、完善教学信息采集体系、改进质量监控与教学评价、持续改进和优化信息反馈处理机制等举措，初步形成了民办本科院校基本的质量文化基因，不断提高教学质量和效果，进而培育和建设追求卓越的质量文化。

（二）新时期民办本科院校质量文化培育的困境

1.高质量发展的观念和质量文化氛围尚未形成

高质量发展背景下，质量文化已经不仅仅是改进优化质量的内在动力和保障，更是一种新的发展观、新的管理视角。经过新一轮教学评估的民办本科院校，实现了办学条件基本达标，育人环境和质量得到了显著提升。然而，在面对规模与效益、数量与质量、外延与内涵等诸多发展矛盾时，依然缺乏内在的质量意识，对于党和国家提出的构建高质量发展体系领会不深刻。由此，各民办本科院校建立形成的质量文化多为被动满足外部需求的"回应型质量文化"或"反应型质量文化"，尚未形成"自觉、自省、自律、自查、自纠"的"五自"质量文化氛围，师生、教职员工民主参与质量建设不够充分，全校上下尚未形成自觉成长、共同追求的内在质量文化。综观当前民办本科院校教学评估与质量文化建设现状，多为被动式应对外部检查的"回应型质量文化"或"反应型质量文化"，自我督查规范的意识和力度还不够，明显缺乏自觉、主动的自我反思和自我督导、改进的机制和保障。

2.质量文化建设主体的素养难以适应教育高质量发展形势

首先，课堂是育人的主渠道，教师是质量建设的重要主体，教师的专业素质和水平直接关系着民办本科院校的教育教学质量。民办本科院校办学时间短，人才资源积累不够，具体体现在：专任教师队伍结构不合理，青年教师比例偏高，具有丰富的教学经验和实践能力的中年教师相对偏少；中级及以下职称教师居多，高层次人才与团队数量不足，且受办学性质和待遇影响，高层次人才引进效果不明显。其次，民办本科院校教学管理队伍力量相对薄弱，质量文化意识不强，管理经验不足，理论水平、管理能力与高质量发展要求存在差距，对应用型人才培养的教学管理规律认识不到位，其服务质量建设和保障意识不强，服务于课堂教学和师生不到位。最后，教学管理研究与质量建设力度不够。教学管理人员对高等教育发展规律、现代教育思想和应用型高等教育管理理论学习不够深入，缺少对教学管理中遇到问题的深入思考和分析，基层教学管理人员对教学管理的本质缺乏足够的认识，缺少主动采用有效管理方法和管理手段提高管理质量的意识。诸多因素叠加导致民办本科院校教师、教学管理人员等质量建设主体的质量意识和素养能力相对薄弱，在不同程度上与高质量发展要求存在差距。

3.办学优势与特色挖掘总结不够，同质化发展现象普遍存在

民办本科院校在持续加强内涵建设中不同程度上形成了"以特色求发展""树立办学特色塑造品牌"等特色办学理念和思路。然而，由于民办本科院校的管理者和高层次人才多由公办高校聘请而来，潜移默化间也将公办高校传统的治校发展理念和模式悄然移植到民办本科院校特色发展基因中，不同程度上出现了简单模仿或变相移植学科专业设置、人才培养等模式，进而导致同质化发展现象的出现。理论上而言，与公办高校相比，民办本科院校有其灵活且特殊的发展机制，在"加快应用型转型发展""突出应用型人才培养特色"上更加有助于满足地方经济社会发展。但在现实发展中，民办本科院校在处理数量与质量、规模与效益以及外延与内涵关系上形成了矛盾，对贯穿学校建设发展的特色总结不够，对民办本科院校固有的灵活发展机制优势发挥运用不够，一定程度上成为了推进高质量发展的桎梏和制约。

4.信息技术平台支撑不够，信息数据采集分析不全

当前，民办本科院校清醒的认识是高质量发展保障的开端，智能化

的信息技术平台、人性化的数据分析系统有助于高校全过程、全要素、全周期监测人才培养质量，并及时加以改进和调整。然而，多数民办本科院校在加强内涵建设、推进高质量发展时，对信息技术的优势和运用不够重视，教学质量与人才培养成效监测评估还单纯依赖于"高等教育质量监测国家数据平台"，在专业评估、课程建设、教学管理、课堂教学质量评价、实践教学管理、毕业生就业质量分析、院（系）教学评估等方面缺乏专业的技术平台支撑，教学质量评价信息与数据的采集工具不合理、分析运用不全面，校园各部门不同程度存在着信息壁垒、数据孤岛的现象。可以说，质量管理信息化水平已经成为制约民办本科院校质量建设成效的关键因素。因此，民办本科院校要进一步加强质量管理信息化平台建设，及时破解质量文化建设中存在的信息化问题，不断提升质量文化建设信息化水平[①]。

# 第二节　民办本科院校质量文化目标与原则

## 一、民办本科院校质量文化目标

在当今高等教育竞争激烈的环境下，民办本科院校作为一支重要的力量，承担着为社会培养高素质人才的重要使命。为了实现这一目标，塑造卓越的教育品质与持续创新的文化氛围成为了民办本科院校质量文化建设的核心目标。

（一）塑造卓越的教育品质

卓越的教育品质是民办本科院校的生命线。为了达成这一目标，学校需要构建严谨的教学体系，注重课程内容的更新与优化，以满足社会的需求和学生的发展。同时，学校还应加强师资队伍建设，吸引和培养

---

①宋晓洁. 民办本科高校教学质量保障体系研究[D]. 南宁：广西师范学院，2017.

一批具有高尚师德、扎实学识的优秀教师，为学生提供优质的教学服务。

此外，学校还应注重实践教学环节，加强学生的实践能力和创新精神的培养。通过与行业、企业的合作，为学生提供实习、实训的机会，使他们在实践中锻炼能力、提升素质，为未来的职业生涯奠定坚实的基础。

（二）营造持续创新的文化氛围

创新是推动学校发展的不竭动力。为了营造持续创新的文化氛围，学校需要鼓励师生敢于尝试、勇于创新，为他们提供宽松的创新环境。同时，学校还应加强科研平台建设，支持师生开展科学研究和技术创新活动，推动科研成果的转化和应用。

此外，学校还应积极开展校园文化活动，丰富师生的精神生活，提升学校的文化品位。通过举办学术讲座、科技竞赛、文艺演出等形式多样的活动，激发师生的创造力和想象力，为学校的创新发展注入源源不断的活力。

总之，民办本科院校质量文化目标的实现需要学校全体师生的共同努力。通过塑造卓越的教育品质和营造持续创新的文化氛围，民办本科院校将为社会培养更多优秀的人才，为推动社会进步和发展做出更大的贡献。

**二、民办本科院校质量文化原则**

（一）重视内部质量保障体系的系统构建

质量文化并非全面抛弃质量程序和质保过程，只是更加强调在质量发展中以文化精神的力量纠正技术主义的弊端，使质量保障体系成为质量文化的一个重要组成部分。为更好地培育质量文化，民办本科院校的质量保障体系必然要体现出新的特征，如科学化的质量战略政策的制定、规范化的质量评估程序的搭建以及制度化的质量反馈环节的利用等。

（二）强调利益相关者的共同参与

利益相关者有内外之分，前者包括管理者、教学科研人员、行政人员以及学生；后者涉及政府、专家、校友和雇主单位等群体。民办本科院校应根据职位属性、发展背景及擅长领域的不同，因人而异地就质量问题让利益相关者形成共同的认识、信念和行动。尤其需要培养内部成员对学校的认同感与归属感，一方面通过交流与讨论就关键性问题达成共识，另一方面妥善处理好其中的抵制态度与矛盾摩擦，致力于增强高校的凝聚力与向心力。

（三）关注质量信息数据的完善

民办本科院校的自我认识是质量保障的开端，健全的信息系统有助于民办本科院校监测各项活动的运行情况并及时加以改进和调整。在质量文化建设中，与质量相关的信息数据的收集应符合完整化、周期化和标准化的要求，并以此为基础进行分析整合，以实现数据的系统管理；在信息数据的运用方面，各类质量信息应成为制定、修改和完善质量保障政策及程序的前提条件与重要基础。信息数据的公开既有利于高校进行自我反思、接受外部问责和获取公众信任，也有利于民办本科院校内部的分析与比较[①]。

# 第三节 民办本科院校质量文化培育路径

## 一、我国大学质量文化的建设思路与策略

---

① 高飞. 后大众化背景下我国民办高校之质量文化建设方略[J]. 浙江树人大学学报，2015（1）：1-6.

（一）我国大学质量文化的建设思路

为实现高等教育的内涵式发展，大学需要激活自身具有的与质量相关的独特的文化因子和文化建设的关键利益相关者——教师和学生，使这些文化因子在高等教育质量建设体系建设中重新生长、传播，为高校注入活力，回归教育本质，引导其增强质量意识，获得文化自觉，激发其积极性与能动性，重塑以教师教学质量、学生学习质量为中心的高校教育质量文化。但是，"中国大学组织内部多样性质量文化的形成遇到最大的障碍应该是中国大学在组织模式上的趋同化，这种趋同化使得中国的大学没有形成一种具有自己风格的质量文化，没有与学生多样的能力倾向相适应"[①]。这就需要高校内生型教育质量文化和外发内生型教育质量文化的合力。二者的深度合力有赖于大学自反性功能、质量制度和质量行为的合力。那么大学的自反性功能如何形成呢？大学应根据培养人才质量的价值取向为依托，依据自身办学条件和特色，制定质量标准并对质量负责，对质量教育行为进行修正、改进，经过"认识—实践—再认识—再实践"的循环往复过程，发挥教育质量文化推进教育质量建设的内生动力，逐步提升教育质量，从而促使大学不断地走向卓越。高校教育质量文化建设归根结底在于大学人，唯有在大学人认同基础上的质量理念，将其渗透于大学组织中所有成员的意识之中，并成为一种生活方式之时，大学提高质量才会成为一种自发自为的行为，而非迫于压力的被动应付。因为"从更广泛的意义上说，质量是'生产'出来的，而非检查出来的，一个真正持久的质量保证应当是学校全体师生员工共同努力的结果"[②]。

高校教育质量文化建设也离不开制度文化的保障。制度文化有显性制度文化和隐性制度文化。"显性制度文化是以文本等形式呈现的制度；隐性制度文化是对创建制度与遵守制度的态度、价值观、认同感等"。

---

① 蒋友梅. 转型期中国大学组织内部质量文化的生成[J]. 江苏高教，2010（5）：54-57.

② 安心. 高等教育质量保障体系研究[M]. 兰州：甘肃教育出版社，1999：48.

新时期，我们之所以要建立现代大学制度，是因为"科学合理的大学制度，对规范每个大学人的行为举止，引领人们的价值观和人生观，具有极为积极的作用。这种作用的长期性和持久性会逐步转变每个人的自觉行为，形成一种文化，升华为一种精神即大学文化和大学精神"[①]。但在实践中，制度、管理具有其自身的局限性，其可能带来的问题也更突出。目前我们的质量管理模式从根本上说，以"控制"为主而非"控制"与"自治"的统一，是一个外部约束机制而不是一个自发自律的内部机制，没有从"外源性"变成"内生性"。比如我国高校本科教学工作水平评估，其实质是一种"控制"理念，是一种科层制的质量管理模式。由此造成评估过程中专家的话语霸权，学校、教学基层和教师在评估中失语，甚而至于被动应付、弄虚作假的尴尬困局。要从根本上使质量行为成为高校教师的自发行为与自律行为，真正做到以学生发展为根本，除了硬件投入和硬性约束外，"必须真正培育以教师为主体的质量文化，建立常态化质量管理模式，变被动为主动，变约束为自发和自觉的行为"[②]。同理，形成完善的高等教育质量保障制度，最根本的是张扬一种深沉的、博大的、批判的、求真向善唯美的教育质量文化。鉴于此，高校应当创新质量管理机制，以维护大学利益相关者的权益，推动大学可持续发展。从利益相关者的角度出发来考虑，大学质量管理制度的创新与变革当以提升教育质量为主题，以教师为主体，以学生为中心，以培育质量文化为目标。在如此价值导引下，质量管理就作为一种组织内生的文化取向，从质量理念上升到文化规约的崭新层面。

对于制度的有效性即制度执行力，表征着行为取向，"波普曾经有过一个很好的比喻，他把制度比喻为一座城堡，这个城堡（制度）可以设计得非常完美，但是却没有适合的士兵来守卫它，那么，这座城堡就形

①孙雷.现代大学制度下的大学文化透视[M].北京：光明日报出版社，2010：46.
②唐松林.培育质量文化 建立常态化的质量管理模式[J].中国高等教育，2008（24）：45-47.

同虚设"①。在此理念下，大学人协同参与制定全员认同的质量保障制度，使大学质量保障的具体行为有章可循。因此，自反性的质量制度要保证大学组织内部所有成员的集体认同并使实施具有科学性、效果具有人文性。科学性、人文性的质量制度绝不是纸上谈兵、光怪陆离，最终应显见于大学人的工作风范和精神风尚，最终应回归大学人的生活，建设学校"自主"的教育质量文化。

1.建设大学质量文化的前提条件

高校质量文化的建设不是一朝一夕能够完成的，需要付出长期的努力，更要做好充分准备，具备一定的前提条件。做好前期的准备工作，结合实际情况确定目标，十分有利于建立一套切合高校自身实际情况的，具有实用价值的高校质量文化体系。

首先，高校要充分认识到质量文化建设的重要性。质量文化的历史并不长久，如今社会上，"质量管理"和"文化建设"更像是一种流行趋势，其真正意义并没有被大部分企业和学校所理解。尽管很多企业和高校成立了专门的职能部门，但大部分只是跟风或是虚有其表。质量文化建设不是喊几个口号或是挂几条标语这样简单，我们首先应当对质量文化建设给予足够的重视，才能保证达到应有的效果。所以建设高校的质量文化一定要做到上下一心，共同合作：高校领导要充分认识到质量是高校生存和发展的最重要的保障，树立强烈的质量意识，引进和学习质量管理理论，借鉴成功经验；全校师生员工要积极参与，不断学习相关理论知识，形成良好的质量行为习惯。

其次，要对高校进行环境分析，并评估高校质量文化的发展现状。高校的发展离不开环境的影响，这个环境又包括了社会环境和校园环境。社会和经济的发展、高等教育的大众化、高等教育改革的不断推进以及高校学生的素质变化都要求高校在建设质量文化之前做好调查和分析，并根据需要不断地调整建设目标和建设策略，使其更符合实际的要

①汪丁丁，韦森，姚洋.制度经济学三人谈[M].北京：北京大学出版社，2005：63.

求。除了对客观环境进行分析之外，高校还必须对包括高校的质量观、质量意识和质量现状等主观条件进行评估。具体包括当前质量管理工作的现状、成效和优缺点；质量文化在全体师生员工中的普及和接受程度；相关的质量制度和标准是否符合实际、是否适应社会发展的需要；有没有制定相应的质量教育和培训的工作或计划等等。

再次，要明确建设目标，制订相应的计划，有步骤地建设高校质量文化。质量目标的确定不仅要与社会和经济的发展水平相适应，更要结合高校自身的实际情况，以确保质量文化建设的正常进行，避免资源的浪费。同时，要集思广益，使质量文化的建设计划具有充分的可行性。除此之外，还应有专门的部门和人员负责具体规划，开展质量文化建设工作，使质量文化建设有步骤地进行，取得良好的效果。

最后，要引进和培养人才。在知识经济的时代，优秀的人才往往能使高校在竞争中掌握主动权。优秀的人才不仅能为高校注入新鲜的血液，更能为高校带来最新的研究成果和先进的思想理念以及创新意识。高校不仅要引进各类优秀的人才，更要发掘和培养人才。

2.建设大学质量文化的途径

（1）物质层的质量文化建设

物质层作为高校质量文化建设的基础和保障，其建设工作始终要以围绕建设要为教育育人服务这一宗旨为中心，并与其他层次的质量文化建设相互融合相互促进。

首先要创造优美的校园环境。正如哈佛大学文理学院的一位院长所说："我再强调一下我的论点：工作场所的物质环境，其影响是巨大的，对此，我每天都能体会到，当我穿过市区肮脏的哈佛广场而进入庭院（哈佛校园）时，如像在沙漠中找到了一块绿洲，立即感到心旷神怡，使人清新地开始一天的工作。"优美的校园环境，除了要体现出高校的学术氛围之外，还应体现出蓬勃的朝气和活力。校园建设要充分考虑到学生和生活的便利的需要，更要营造浓郁的学术研究和学习的氛围，在无形中影响和约束个人的行为。

其次还要优化办学条件。加强师资队伍和管理队伍的建设，引进优秀人才，提高高校办学的"软实力"。同时加大高新技术和设备的开发和利用，大力推进实验室的建设，改善教学建筑的环境和条件，改善学生的生活环境，做好后勤服务工作，力求全方位地提高高校的办学条件。

（2）制度层的质量文化建设

在高等学校质量文化中，制度文化是人与物、人与高等学校管理制度的结合部分，它既是人的意识与观念形态的反映，又是由一定的物化形式所构成。同时，高等学校制度文化在精神与物质间的中介性，决定它既是适应物质文化的固定形式，又是塑造精神文化的主要机制和载体。正是由于制度文化的这种中介的固定、传递功能，它对于高等学校质量文化建设具有重要作用。

制度层的建设主要包括质量管理制度、质量评估和奖惩制度以及质量预警和监控制度三个部分。

质量管理制度主要包括：领导制度，领导制度的确立直接制约着其他制度的制定和执行；组织机构制度，包括了高校有关质量的工作制度和教学制度等等，是全体师生遵循的行为准则；管理制度，是保证高校实践活动中的教学和科研等工作正常进行的强制性手段，也是确保高等教育质量的重要因素。

质量评估和奖惩制度。适当建立以质量为中心的评估制度和奖惩制度，可以在教职工中产生压力和竞争，从而提高工作效率。以认可工作成绩和给予适当奖励的方式激发教职工的工作热情和自豪感，并成为提高质量的最强的动力。同时，也要对破坏质量，损害高等学校形象的行为给予一定的惩罚，通过这种奖惩结合、动力和压力相结合的方式，促进教职工的工作质量和效率。

建立质量预警和监控制度的工作要同时进行，对高校中的质量问题提前预测并预防。这是为了掌握主动权，时刻警惕，最大限度地减少高校质量问题的产生。

（3）行为层的质量文化建设

质量行为具体实施和体现了高校质量文化，是幔层文化。除了高校内全体成员的质量行为之外，质量管理的实施和运行以及针对质量管理工作的监督和评价也是质量行为的一部分。

高校质量文化行为的具体实施包含了领导干部、教职工群体和学生的三个层面的行为文化。其中领导干部的行为文化最为重要，对高校质量文化建设的影响也最大。

开展高校质量文化建设的核心是树立质量价值观体系，这就要求高校要以全面质量管理理念做指导，将质量文化建设具体落实到实践之中。

按照国际标准化组织（ISO）的定义，全面质量管理是指"一个组织以质量为中心，以全员参与为基础，目的在于通过让顾客满意和本组织所有成员及社会受益而达到长期成功的途径"。虽然在我国，由于缺乏成功案例，全面质量管理并没有大量应用于高等学校之中，但英国、美国等国的实践证明，全面质量管理也适用于高等教育领域，对其教育质量的提高也具有明显的作用。我国在面临教育质量受高校扩招、生源质量下降和社会对人才要求提高影响的情况下，应当在高校推广全面质量管理，结合我国高校的实际情况，针对我国高校发展面临的问题，做好调研准备、制订计划、全面落实和不断改进和创新等一系列工作，促进我国高校质量文化的建设。

建立质量管理工作的监督和评价体系，确保高校质量文化建设过程中的执行力度和正确方向，也是质量文化行为层建设的重要组成部分。监控主要有监督、审查和反馈三个过程，监控对象内容包括质量建设的工作是否达到预期目标，建设工作是否能够顺利地进行下去等等。在具体的实施过程中则要求高校做到设置专门的机构，配备专门的人员，结合实际制定科学的监控体系，并运用现代化的监控手段进行监控，最后还必须做到监控结果的公开和透明化，以保证监控的有效性。

（4）精神层的质量文化建设

精神层面的质量文化是高校的办学宗旨、质量价值观体系和质量管理理念等的主要体现，它是高校质量文化的灵魂，一旦形成就具有较强的稳定性。

精神层的质量文化建设主要从三个方面着手：首先要营造和谐的质量文化氛围；其次要树立正确的质量价值观，这种价值观是多元化的多层次的，注重过程的质量并以培养创新型人才为目标的价值观；最后要利用校内的各种媒介的力量，加强宣传，强化质量意识，倡导质量文化[①]。

（二）我国大学质量文化的建设策略

尽管高校教育质量文化从其内涵来看，是内生型和外发内生型的和谐统一，但是真正有效的高校教育质量文化建设并不是在内生型和外发内生型之间作非此即彼的选择，更需要在理念、制度、行为等层面系统设计、持续建构。具体而言，高校教育质量文化的建设，需要我们树立卓越质量理念、塑造共同质量愿景，提升领导者卓越领导力、建构卓越质量组织，营造良好的质量文化氛围，从而推动高校教育质量文化建设进程。

1.树立卓越质量理念，塑造共同质量愿景

在高校教育实践过程中，教育质量文化都是客观存在的。但这种客观存在的学校教育质量文化可能是自在状态或自然状态，这就需要质量文化建设主体树立卓越的质量理念。正如王建华教授所指出的那样："质量文化对于高等教育质量拥有巨大的影响力，文化决定质量，质量是文化的结晶，只有通过先进的质量文化才有可能生产出优秀的产品，才能培养出优秀的人。"树立卓越质量理念，塑造"共同质量愿景"是

---

①龙雯雯.高等学校质量文化建设策略研究[D].武汉：中南民族大学，2012.

卓越质量文化建设的核心。"高等教育质量理念的真正问题在于高校自身制定的质量标准往往存在惰性,易与社会发展的实际相脱离,外部制定的质量标准由于其利益取得易导致手段置换目的,且难以确保真正符合高等教育发展的规律"。卓越质量理念的核心是强调"顾客满意"。"高等教育真正需要发生改变的则是质量文化,是要在组织中树立起顾客满意的质量理念"。在高等教育中树立"顾客满意"就是达成以教育教学质量为核心的全面、全员、全过程的顾客满意。真正将突破建立在学校自身的文化之中,而不是外界的监督和控制之中。

此外,需要塑造"共同质量愿景"。何谓"共同愿景"?彼得·圣吉(Peter M.Senge)说:"当一群人执着于一种心中的愿景时,便会产生一种力量,做出许多原本做不到的事情……共同愿景是一个方向舵,能够遭遇混乱或阻力时,继续循正确的路径前进。"所谓共同愿景就是学校全体员工就学校未来质量文化建设的目标、任务和使命所达成的共识,发自内心的意愿和共同描绘的景象以及付诸实施,最终使高校教育质量文化从"自然状态"走向"自觉阶段"。

2.培育领导者卓越领导力,创建卓越质量组织

积极创建卓越质量组织是卓越质量文化建设的关键。基于组织变革理论,英国学者哈里斯(Harris)认为,"领导者是学校变革的制造者,不一定非得是学校的高层,只要能够促进学校变革和改进的,都能成为领导者,教师不是学校愿景、使命和目标的简单执行者,他们和学校管理人员一样拥有创造学校愿景的权力和权利,应该与学校管理人员共同承担制定愿景的责任和义务"。与传统领导力不同,卓越领导力的培育一是将领导力视为组织团队,重视组织成员之间的关系;二是将领导力视为来自组织所有成员的力量的集合,而不是将其简单地等同于某个正式职位或领导角色。

(1)提升领导者的专业素养,培育卓越领导力

卓越质量文化建设需要领导者具备以下基本素养:一是专业知识。

"大学是追求真理的地方，长久以来大学教师服膺于内心的呼唤，从探究未知领域的内心冲动出发，选择研究的方向，躲在象牙塔中，不问窗外之事，不懈地追求真理"。因此，大学校长要具备指导教科研的专业知识。二是专业技能。在不断学习，增强自身修养，改善知识结构，提升思维水平与领导管理能力的基础上，用坚定的教育信念，先进的教育理念和独特的办学思想，把主要精力和工作重心聚集到提高教育教学质量水平、促进学生全面发展上来；用国际视野和敏锐的洞察力，较强的民主法治意识和较强的人格魅力，促进学校成员密切合作，形成卓越的质量组织和卓越团队。三是专业伦理。在道德标准多元化的时代，学校领导者要坚持把培养学生的"良知"作为大学教育的重要目标，从而使学生成长为各行业中的伦理领袖和道德楷模。

（2）创建卓越质量组织

美国学者爱德华·撒丽斯（Edward Sallis）曾指出，"传统组织由于缺乏共同使命、部门之间存在隔阂，组织阶层明显、过分依赖僵化的程序步骤，所以越来越难处理质量文化建设中出现的问题"。传统组织与质量组织的区别就在于："在组织与管理相关性的维度上，一般组织是规模管理时代的产物，质量组织则是质量管理时代的宠儿。为了规模管理的需要，一般组织必须以科层或层级为中心；相比之下，为了满足质量管理的需要，质量组织则必须以质量为中心，尽量淡化科层或层级的界限。与一般组织相比，质量组织具有更大的灵活性和适应性。"这种质量组织以顾客为中心，有策略性的质量愿景，通过鼓励创新质量，有清楚的使命以及与学校发展战略相匹配的质量计划。因为"要达到卓越，就必须保证培养活动的持续性和针对性，作为一种核心的管理手段，它不仅有助于实现绩效激励的目的，而且还有利于创建一个责任共担的有效团队"。从世界一流大学来看，一流大学之所以为一流关键在于他们往往荟萃了一批世界顶尖级人才和拥有一支世界一流的师资与团队。正如哈佛大学前校长科南特所指出的那样："大学的荣誉不在于它的校舍和人数，而在于它一代一代教师的质量。一所学校要站得住，教师一定要出色"，"在依靠人才方面，十个二流的人不能代替一个一流的人。"由此，一个卓越质量组织的形成或主要职责就是明确质量方针和质量目标；制定可行的质量策划；建立动态的质量管理系统；制定质量标准和质量评估方案；开展质量教育与培训等，最终打造成为一个"学术型质量组织""学习型质量组织"。

3.积极开展质量文化教育，营造卓越的质量文化氛围

营造良好的质量文化氛围，是高等教育质量文化建设的内动力。一要加大质量文化建设的宣传力度；二要坚持对学校成员开展质量教育培训活动；三是通过卓越质量宣传与教育培训等，使学校成员树立从单纯符合标准的符合性质量观向"以顾客为关注焦点、满足和超越顾客需求"的卓越质量文化观转变，最终营造一种"既把提高教育质量视为学校成员的责任和担当，又把提高质量并追求卓越视为学校成员的义务和使命"的卓越质量文化氛围。

质言之，质量文化的培育和建设的责任最终是每个大学人的责任，须充分调动教职工"全员"的积极性、发挥其自觉性，是全员自省自思、自觉自愿、共同参与、动态生成和不断创新的内生过程。高校教育质量文化的涵养需要"以内为主，以外促内，内外结合、上下结合"，但最终要落到内部、沉到下部，即生成独特的质量文化的责任最终是每个大学人的责任，须充分调动教职工"全员"的积极性、发挥其自觉性，唯有全员共同弹奏"同一根质量文化之弦"，方可彰显持续提升高等教育质量的"文化的魅力"，触及质量文化之于保障教育质量的真正内核，实现质量文化引领大学走内涵式的发展道路，使大学走出"重病"的阴影，保证其健康发展。

二、民办本科院校质量文化的培育思路与策略

（一）民办本科院校质量文化的培育思路

在内外多重力量的综合作用下，民办本科院校质量建设和保障主要面临着以下三方面的问题：一是高等教育后大众化的发展背景向各类高校提出了构建多元质量观的要求。这就要求民办本科院校跳出模仿和重复的老路，创造出更具有契合性、独特性的质量观念和质量文化。二是民办本科院校各方利益相关者特别是校内群体对质量保障活动的参与性和行动力亟待增强。民办本科院校管理者科学决策的实现、教师队伍稳定性与高素质的兼得、生源质量的改进等，都是事关质量发展的重要问题。三是民办本科院校自我质量意识需要进一步提高。民办本科院校必须妥善处理好规模数量和效益质量之间的关系，为追求数量而牺牲质量，是民办本科院校必须注意防范的风险。与此同时，质量意识还需要切实转化为相应的制度举措，建立完善的自我监督和改进机制。

质量文化概念为民办本科院校解决现有的质量问题提供了一条新的思路。笔者认为，为成功构建质量文化，民办本科院校必须妥善处理好三个方面的关系：第一，民办本科院校与外部环境间的关系。确保民办本科院校根据自身现状和外部需求合理定位、办出特色，是开展质量文化建设的前提。第二，民办本科院校内部管理主义和专业主义间的关系。实现校内管理文化和专业文化的有机整合，是创造质量文化建设的保障条件。第三，质量文化内部技术手段和文化精神两大组成要素间的关系。开展内部评估进行自我反思，是完善质量文化建设的核心环节。

1.前提：坚持合理定位与特色办学

高校质量文化建设总是受到多种相互依赖的因素的影响，因此必须首先处理好内部发展与外部环境之间的关系。李·哈维（Lee Harvey）等学者根据学校内部团体控制和学校外部规则制约的强弱程度，将质量文化划分为四种类型（见表7-1）。

表7-1　学校质量文化的四种类型

| 外部规则制约 | 内部团体控制 | |
|---|---|---|
| | 强 | 弱 |

| 强 | 回应型质量文化 | 反应型质量文化 |
|---|---|---|
| 弱 | 再生型质量文化 | 复制型质量文化 |

回应型质量文化注重以外部需求为导向，并充分利用外部机会监督实践、构建愿景和制定议程，但也有过分响应外界问责、忽视自身特殊背景及个体成员差异的问题。反应型质量文化也关注外在环境的变动与要求，但在积极回应的力度上要弱于前者。如，反应型质量对质量评估的改善作用多持保留态度。不过该类型的质量文化在包容性上要强于回应型质量文化，能够容纳更多的异质性和多样性文化。同前两种类型相比，再生型质量文化更强调内部发展，重视明确的总体目标、持续的改善计划以及不断的自我反思。它并非完全无视外部情境和社会期望，而是更加强调质量发展过程中高校自我创造和自身协调的作用。复制型质量文化则试图将外在环境的影响最小化，同时比较关注质量保障活动中个体的知识与技能。可以说四种质量文化类型彼此之间并无绝对的优劣之分，关键在于高校如何在外部规则制约和内部团体控制之间找到最佳的结合点，即：一方面积极利用环境中的有利因素，另一方面充分尊重自身传统，激发个体和群体追求质量的潜能与活力。

高等教育后大众化向高校提出了更高的质量要求，民办高等教育也从早期强调数量的规模扩张阶段步入了关注质的内涵发展阶段。高等教育质量观从追求单一尺度的卓越转为强调多元化、个性化的优秀，使民办本科院校逐渐认识到盲目升格和雷同定位将面临被淘汰的危险，只有合理定位、办出特色，才能构建出有特色的质量文化，培养出被社会广泛认可的优秀人才。民办本科院校一般以高素质的技能型或应用型人才为培养目标，应结合地方社会经济的发展需求以及自身的教育资源优势打造特色学科与专业，并予以制度和资金的大力支持，以确保这些学科和专业能壮大实力、提高水平，成为学校发展的重要支撑。民办本科院校应敏锐地把握经济转型和产业升级对高等教育提出的新要求，积极组织广泛、深入的学科专业调研，及时把握人才需求的动态变化。或根据市场动态及时增设热门专业，或抓住发展机遇合理布局与调整原有专业，以此形成一批高水平、有特色的重点学科和精品专业，并带动其他学科与专业的相应发展。

例如，黑龙江东方学院利用黑龙江乳制品资源大省的优势，于1994年成立了该省第一个乳品工艺专业，后升格为食品科学与工程专业。该专业根据人才市场需要进行改革，设置了乳品工程、食品质量与安全、国际食品科技贸易以及食品工程设备四个方向。这四个方向各有特色，如乳品工程专业方向与国家乳业工程技术研究中心合作办学，主要借鉴丹麦达鲁姆技术学院乳品专业培训的课程体系，并依托丹麦援建的生产实验厂，学生通过亲手生产各种乳制品，维护和保养乳品机械设备及检测产品质量，从而具备了乳品工厂设计和技术改造的能力。食品质量与安全方向分别与出入境检验检疫局、农业标准化研究中心以及谷物品质鉴定中心等部门建立长期合作，以加强学生在标准与法规、质量控制以及安全检测技术等方面的培训。国际食品科技贸易方向根据外资及合资食品企业和外向型国内大中型食品企业的需求，重点打造"专业+外语"的复合型人才。食品工程设备方向则专为培养企业设备维护管理人才而设。该专业创办以来，毕业生一次就业率平均保持在95%以上，2011年该专业使黑龙江东方学院成为首批获得硕士培养资格的民办本科院校之一。由此可见，立足实际进行特色经营，确实可以为民办本科院校的质量发展提供新的方向，带来新的契机。

2.保障：强调各方互动与民主参与

民办本科院校质量文化的成功构建，需要妥善处理学校内部管理主义和专业主义之间的关系，这也成为质量文化成功构建的重要保障条件。管理主义视角以创新、系统控制和团体导向性为特征，专业主义视角则强调传统、自我决策和个体专业化。前者认为组织必须顺应外部环境的变化并不断进行自我提高，重视大学发展中标准化、制度化和科层化的影响力，强调共同的价值观并通过团队合作来解决问题。后者尊重学术价值和传统实践，信任个体的力量，倡导为个人决策保留空间，重视专业人士的作用，认为行政管理工作应是支持性而非命令性的。可以说，管理主义和专业主义在高校的发展中都不可或缺，关键在于寻求二者间的最佳结合点。弗朗索瓦·达尼埃卢（F.Daniellou）等学者关于工业安全的理论在一定程度上同样适用于高等教育，他们也强调管理者和成员的参与程度共同决定了是否存在一种安全文化。只有双方都具有较高的参与度和行动力，才能产生最理想的整合型文化。总之，质量文化的真正实现有赖于高校管理者和大学学术圈的共同努力以及内外质量保障的最优化结合。

结合我国民办高等教育的发展实际，笔者认为，民主管理和专家治校应成为质量文化生成的重要两翼，在内部质量保障活动中发挥着重要作用。民办高校不论是在管理体制还是在师资队伍上，都显示出不同于公办高校的特点，因此对质量文化建设提出了新的挑战。在管理体制方面，《民办教育促进法》第十九条规定："民办学校应当设立学校理事会、董事会或者其他形式的决策机构"；第二十四条规定："民办学校校长负责学校的教育教学和行政管理工作。"然而，目前部分民办本科院校并未建立起完善的内部管理体制，家族式管理现象较为突出。尽管家族式管理在降低学校管理成本和激励举办者办学热情方面发挥了积极作用，但也面临着发展资金不足和家族内部管理人才缺乏等困难[①]。这不利于质量管理的民主化、科学化进程。在教师队伍方面，由于民办本科院校处于弱势地位，学校在物质待遇提供以及学术氛围营造等方面不如同类公办高校，因而教师往往呈现出职业安全感缺乏、流动性较大以及学校事务参与积极性较低等特征。高校质量文化的生成必然是民主性和学术性相结合的产物。高等教育实践日益表明，单向度的质量控制、指令和要求常常由于缺乏基层的支持而在高等教育领域遭遇失败。教育质量不应由权威预先设定标准答案，而是需要利益相关者通过公开协商而

---

①王一涛.民办高校创办者子女接班：一个值得关注的现象[J].高等教育研究，2012（7）：79-85.

形成。民办本科院校质量文化的建设必须依靠校内外利益相关者的共同努力，从而实现管理文化和专业文化的有机整合。民办本科院校一方面要坚持自上而下的领导，健全理（董）事会领导下的校长负责制，压缩管理层级，合并相关部门，以实现扁平化管理并确立总体质量发展战略，保障全校师生主动朝质量方向努力；另一方面必须重视自下而上的参与，赋予各部门和个人以充分的自主权和灵活性，增强基层单位的自主性，充分发挥教职工代表大会、教学指导委员会、学术委员会和学生代表大会的作用，以总规划为依据制定切实可行的分目标，并将二者真正结合起来。

3.核心：重视内部评估与自我反思

内部评估活动作为质量文化生成中的核心问题，必须整合到整个质量管理体系的构建之中，体现出高校独特的质量精神，而不是盲从于外部标准和指标。同时，需要广泛邀请内外利益相关者参与评估流程，实施与评估结果相关的后续程序，以保持参与者的积极性。评估反馈尽管需要与教师奖励机制以及教育咨询培训计划结合在一起，但应以提高、改善而非控制、监督为主旨，不能只简单做出优劣评价，更重要的是为教育教学提供参考依据。

基于质量文化的特殊性，高校内部评估也必须遵循相应的原则：一是强调自我检查的重要性。要主动借助第三方组织和校外利益相关者的力量，为质量评估注入长久的生命力。二是包含定量和定性两类评估指标。质量文化概念的提出是对质量管理过程的一种修正和超越，包括组织结构和精神心理两大要素，相应的评价活动也需要既重视数量考核又强调软实力表现，从而形成更系统、科学和可操作的评估体系。三是重视高校质量发展的综合表现。尽管教学评估居于核心地位，但高校的科学研究水平和社会服务情况也与人才培养息息相关，因此质量评估指标应在以教学为重点的前提下，兼顾高校其他领域的发展态势。

综观当前民办本科院校的质量评估现状，一方面是自我督查力度不够，更多以应对外部检查为宗旨，缺乏内部评估反思的主动性和积极性；另一方面是尚未建立起完善的质量评估指标体系，有的刚刚起步，有的仅限于教学。但值得注意的是，部分民办本科院校已在质量评估方面形成了特色，并取得了不小的成效。

例如，自2011年起，浙江树人大学连续向社会公开发布年度本科教学质量报告，并成为浙江省首家公开发布本科教学质量报告的省属本科高校，也是国内首家公开发布本科教学质量报告的民办本科院校。该校《2012年度本科教学质量报告》主要从学校基本概况、学校发展定位、人才培养与教学运行、评估整改工作以及招生就业情况等方面进行审视与考察。该报告既总结了短学期制、协同创新机制和新教师助教制度等组织管理方面的改革，又阐释了文明寝室创建、优秀课堂建设等思想文化领域的进步；既有对人才培养目标、教学建设思路、人才培养方案和教学运行过程等领域的质性分析，也有关于实践教学课程比重、实习基地数量、专业建设经费、到课率及课堂关注度等方面的量化研究；既检视教育教学质量人才培养活动的现状，也分析科研活动、社会服务以及学生服务的情况；既强调学校的自我评估和内部检查，又在招生、就业以及社会评价等部分引入第三方评价。可以说，科学、合理、系统的内部评估，才能真正推动质量文化的可持续发展。

总之，民办本科院校的质量文化建设一方面需要高度重视与改善提升质量相关的组织架构、战略规划、管理机制、规章制度以及测量技术等，另一方面也不能忽视文化心理领域的建设。比如，民办本科院校教职工对现有质量目标和管理过程的认同程度如何，是否拥有强烈的主人翁意识和组织归属感，是否具备有利于质量提高的知识、技能和态度，是否形成了不断进行质量创新的意识和水平，整个组织是否营造了追求卓越质量的良好氛围等。这些都是重要的问题，与质量文化能否成功构建以及构建水平息息相关[1]。

---

[1] 高飞.后大众化背景下我国民办高校之质量文化建设方略[J].浙江树人大学学报，2015（1）：1-6.

（二）民办本科院校质量文化的培育策略

高校质量文化通过"以文化人"的方式，使全校师生员工对学校质量愿景、质量目标、质量方针、质量标准、质量管理制度规范等方面产生认同感、责任感，并对质量目标的实现具有使命感。民办本科院校作为新建地方本科高校，要把教学质量保障体系的建设与高校教学质量文化建设统一起来，同向同行。

1.强化教学质量信念，构建质量愿景

信念是强大的精神力量，有了坚定的信念，就能精神振奋、克服困难，甚至生命受到威胁，也不会轻易放弃。教职员工在高校的教学质量建设中起着决定性作用，而其作用的发挥，又受教职员工教学质量信念的影响。有些学校基础管理工作逐年在完善、制度建设逐年在加强，但是人才培养质量却提高不明显，究其原因就是缺少质量文化最核心的最为有效的精神层东西，缺少员工主动、自觉提高教学质量的积极性。"教学是一个良心活"，不解决教职员工的思想问题，就是治标不治本，就不可能持久地提高教学质量。教学质量信念是高校全体教职员工努力做好本职工作，主动提高工作质量，进而提高整体人才培养质量的自觉性的综合反映。教学质量文化的培育，需要在全体教职员工中不断强化教学质量信念，使其成为全体教职员工的共同价值观。

教学质量信念不是凭空或靠宣传就能培育出来的，最关键的因素在于高校是否拥有一个深入人心而明确的质量愿景。民办本科院校办学历史不长，在着力建设教学质量保障体系的起始，首先就应构建一个明确的质量愿景。愿景是充分相信人、尊重人、激励人，以人为本的文化理念，着力开发和挖掘人的内在潜能，把个人自我价值的实现与组织的美好未来紧密相连，形成一种共同的价值理念，以促进人员活性化的同时，也创造组织的活力和成功。愿景是内在的而不是相对的，它是员工渴望得到某种事情的内在价值。彼得·圣吉在《第五项修炼》中提出：共同的愿景可改变人们与公司的关系，它创造出一种共同的特色，并使每个员工总是从"我们公司"而不是"他们公司"角度考虑问题。质量愿景是质量理念、质量思想和质量价值观的总和，实质上是质量文化的精神层。比如海尔集团在创建初期曾有一个"砸冰箱"事件，说的是海尔集团总裁张瑞敏用大锤砸毁了76台有质量缺陷但尚可用的冰箱，用这样的实际行动向每个员工传递海尔的质量信念。这件事"砸"出了海尔员工的质量意识。此后，海尔集团进一步提出了"高标准、精细化、零缺陷"的质量理念，提出了"提供有全球竞争力的产品，最大限度地满足顾客和相关方的需求，成为世界名牌"的质量方针，提出了"第一次做好就是最佳质量成本"等质量信条。这些质量理念、质量方针和质量信条构成了海尔集团的质量愿景，成为海尔集团全体员工的共同的质量信念，促进海尔集团快速健康地发展。高校的质量文化建设首先要建立质量愿景，重点是在全校范围内形成关于办学质量的共同认识，确立共同的质量价值观，以此达成全校质量管理的地位、质量准则与标准的共识，形成具有自身特色的办学思想和质量文化。

质量信念和质量愿景的构建主要取决于领导的信念，要充分发挥校院两级领导的推动作用和示范作用。教学工作中心地位不是一句空话，而是需要各级领导身体力行。民办本科院校的主要领导是质量愿景的倡导者、决策者、推动者、组织者、示范者和指挥者，质量文化的建设需要依靠行政力量积极推动。校院各级领导要积极学习质量建设理论、更新质量观念，积极宣传贯彻学校的质量理念、质量方针、质量目标、质量标准和质量管理举措等，身体力行做好示范。

2.坚持"以学生为中心"，确立质量战略

学生是高校最重要的"顾客"，学生的需求同时也代表了社会的需求、用人单位的需求。对于民办本科院校来说，"学生"更是学校存在与发展的"衣食父母"。因此，"一切为了学生，为了学生的一切"应当成为民办本科院校的重要办学理念。民办本科院校建设质量文化，要坚持"以学生为中心"，把提高人才培养质量确立为学校发展的核心战略。

教育的最终目的是培养人，是促进学生的发展。以学生为中心，就是要把学生及其发展作为教育的目的，要确立和尊重学生在教育活动中的主体地位，尊重学生的个性特点，让学校的一切活动都为满足学生的成长和发展而设计和组织。倾心培养建设者和接班人是办高等教育的初心，围绕学生刻苦读书来办教育，引导学生求真学问、练真本领，这是回归教育的常识。在教学中，学生是主体，教师是主导，学生不"学"，教师怎么教都没用，尤其是在信息技术高度发达的今天，学生获取信息和知识的渠道越来越多样，内容越来越丰富多彩，教师的教学理念和教学方式方法必须要进行转变。教师的"教"是为了学生更好地"学"。因此，"以学生为中心"来确立学校的质量战略，就是学校的所有工作都要围绕学生而展开，质量建设的理念要从以前保障教师的"教"及其条件建设转向保障学生的"学"及其"学"的条件建设上来。学校的校园环境建设与生活设施的建设要从有利于学生的成长和发展而展开，学校的实验室建设、图书资料建设、教室环境的改造、实习实训基地的建设，以及师资队伍建设和各种教育教学的改革都要围绕是否有利于学生的"学"而展开，从而更好地保障每个学生的健康成长和个性化发展的需求。

3.丰富质量管理工具和方法，建设学习型组织

高校质量文化的建设，需要在实践中创造和发展新的质量管理工具和方法。海尔集团在经营管理中提出了一个"斜坡球体理论"，认为企业如同斜坡上的球，市场竞争和员工的惰性产生下滑力，基础管理是止动力，创新是上升力，企业同时受到这些力的作用，不进则退。根据这一理论和全面质量管理的全员、全方位、全过程的原则，创造性地提出了"OEC"管理方法，意思是"每天的工作每天完成、每天清理，并且每天都要有提高"。海尔概括为"日事日毕，日清日高"。海尔把全部生产和管理责任层层分解、细化，落实到每个员工，要求"日事日毕，日清日高"。为了加强质量管理，海尔还设计了3E卡、6S现场管理办法、

6西格玛质量管理办法等，这些质量管理工具和方法有效推动了海尔质量文化的形成和质量的提升。高校质量文化的建设也需要学习海尔质量文化建设的经验，应用和创新一些质量管理的工具和方法。比如"向课堂45分钟要质量"的行动目标，建立学生、同行、督导、领导等"四位一体"的课堂教学质量评价办法，推出"学分制、选课制、导师制"等举措，促进教师把精力投入到教学上来，促进教师的优胜劣汰，促进课程教学质量的提升。

培育质量文化，需要建设学习型组织。提升教学质量，教师是关键。在科学技术快速发展的今天，教学内容、教学方法、教学手段都需要不断更新，教师的教育教学能力和水平也需要不断地学习和提升，因此，高校要加强教研室等基层教学组织建设，把基层教学组织建设成为一个学习型的组织，既有利于教师积极吸引外部的新思想新知识，也有利于教师间相互学习，相互提高。培育质量文化，各级行政管理组织既是管理者、推动者，也是执行者。要提高管理人员的执行力，也需要建设学习型组织，积极开展质量管理的理论和方法的学习和研究，提高行政管理人员的教育理论和管理理论水平，充分理解学校的办学理念，质量理念，创造性地开展质量管理工作。质量文化建设是一个不断学习、运用、总结、创新的过程，通过学习型组织的建设，可以深入与广泛地开展教学质量保障的宣讲与培训。质量文化建设要从树立愿景、改变心智入手，从领导做起，学习新理论、创立新模式、规范新行为、养成新习惯、形成新文化，层层推进。

4.注重内外结合，加强教学质量保障体系建设

再好的质量愿景和质量信念，如果不把质量管理付诸实践，一切都是空谈。高校质量文化的建设，必须构建一整套的质量保障体系。目前我国的高等教育外部质量保障体系已经不断得到健全，尤其是建立了"五位一体"的本科教学评估制度，对我国高等教育质量的保障起到了十分重要的作用。外部质量保障体系历经几十年的实践，汇聚众多专家

学者的智慧，已经相当成熟，其各类评估指标体系直指高等教育质量的"要害"，高校在建立内部教学质量保障体系时可以充分参考外部质量评估指标体系，从中领会精神，抓住"要点"，内外结合，在此基础上突显和保障学校的特色与优势，从而使高校内部教学质量保障体系更加科学和更具生命力。

通过教学质量保障体系建设，使物质层的质量文化，如学校校园环境建设、设施设备建设、实验室与图书资料建设、师资队伍建设等紧紧围绕育人为中心，以优质的资源保障教学质量；使制度层的质量文化，如学校各级各部门的职责和分工、各项工作的流程、各种工作制度和奖惩制度的建立健全，使学校的质量精神成为全体师生员工共同遵守的行为准则；使行为层的质量文化，如学校的校风、教风、学风、各种典礼仪式等成为全校上下的自觉行动；使精神层的质量文化，如质量理念、质量方针、质量目标等，成为全校上下共同的价值观，让提高教学质量真正成为每个教职员工的内在追求①。

### 三、民办本科院校高质量发展文化建设的实践路径

面对新阶段民办高等教育高质量发展追求卓越的新要求，针对当前民办本科院校推进高质量发展、培育质量文化进程中遇到的困境和问题，民办本科院校要清醒地认识到，形成统一的高质量发展共识是基础，系统增强质量建设主体素养能力是关键，突出特色化办学发展路径是遵循，充分运用信息技术化手段是保障。

（一）全面理解高质量发展内涵，持续加强"五自"质量文化建设

一是要进一步增强民办本科院校加快推进高质量发展的主体意识。全面准确理解我国高质量发展的时代特征及内涵，自觉主动将自身发展的"小逻辑"融入高等教育高质量发展体系，提升服务经济社会发展的"大格局"，持续增强服务地方经济社会发展能力，进而为全面推进中国

---

① 张文玉. 民办高校基于人才培养的教学质量文化建设探讨[J]. 读天下（综合），2021（5）：200.

式现代化进程，办好人民期盼的"满意教育"贡献民办本科院校的智慧和力量。二是准确把握大学质量文化的内涵与建设原则。厘清质量保障、质量管理与质量文化之间的辩证关系，在系统构建内部质量保障体系的同时，注重"内外联动"，引导政府、企事业单位、专家、校友、教师、学生等高质量发展利益相关者的共同参与，从认同感与归属感入手，汇聚形成高质量发展的凝聚力与向心力，持续推动质量保障向质量文化转型。三是以新一轮本科教育教学审核评估为契机，推动形成"五自"质量文化氛围。在新一轮审核评估方案中，"质量文化"明确被列为评价指标，民办本科院校要深入领会"自觉、自省、自律、自查、自纠"（以下简称"五自"）的质量文化建设内涵，并以此为契机引导全校上下聚焦高质量发展，持续强化共治共享的"五自"质量文化氛围。

（二）加强高素质教师队伍建设，着力提升质量文化建设主体素养

一是聚焦课堂育人主阵地，加强高素质教师队伍建设，不断提升教育教学水平。针对民办本科院校教师队伍结构性短缺的困境，进一步创新人才引育机制，坚持引育并举，将重心放在学科带头人、高层次人才以及学术骨干上。同时，加大教师队伍培训培养力度，系统性提升教师业务素质和能力，为加快高质量发展、推进质量文化建设提供智力保障。二是进一步加大教学管理队伍建设力度，持续完善教学过程管理，不断改进和优化教学质量保障体系的作用。教学管理是质量建设与保障的关键环节，加快推进民办高等教育高质量发展，离不开一支专业化、高素质的教学管理队伍。为此，要针对性加强教学管理队伍的建设和培训力度，增加教学管理人员培训、进修、交流与学习的机会，引导其牢固树立教学中心地位的思想意识，正确认识和理解教学管理制度的严肃性，增强致力于高质量发展文化建设的自觉性、主动性。三是积极探索研究高质量发展背景下民办本科院校"五自"大学质量文化建设新路径。要正视质量保障工作与高质量发展要求存在的差距，在探索研究中纠正传统质量文化建设认识上的误区，主动适应高质量发展的保障体

系，学习借鉴同类高校质量文化建设的有益经验，通过结构性管理调动个体积极性，围绕持续提高质量形成高质量发展的向心力和凝聚力。

（三）找准应用型人才培养定位和服务领域，坚持特色办学、差异化发展

一是以新一轮教育教学评估为契机，根据国家和地方经济社会发展需求、学校自身使命任务和发展目标，在合格评估"两个突出"导向和审核评估"两类四种"自主选择的模块化指标导引下，形成"一校一方案"。要构建与学校办学定位和办学特色相匹配的学科专业群，集中有限的教育教学资源，做强优势学科专业，做实地方经济社会发展急需的学科专业，做精新兴交叉学科专业，积极探索特色办学、差异化发展的新路径，更好地实现分类发展、特色办学。二是聚焦应用型人才培养，在主动服务地方经济社会发展中寻求差异化发展路径。面对区域经济转型和产业升级对高等教育提出的新要求，民办本科院校应及时加强产学研合作教育统筹布局，通过加强校企合作，组织广泛、深入的学科专业调研，及时把握人才需求的动态变化，主动融入地方经济社会新发展格局，紧密对接区域经济社会发展需求，提高应用型人才培养的能力，从而实现差异化、特色化发展。

（四）树立质量数据信息导向意识，充分利用专业技术平台赋能质量文化建设

一是要重视信息化平台建设，加大推进质量管理信息化系统建设力度。《深化新时代教育评价改革总体方案》提出，要充分利用信息技术，提高教育评价的科学性、专业性、客观性。因此，民办本科院校在致力高质量发展、建设内在质量文化中，要坚持需求导向、问题导向、目标导向，聚焦学校评价、专业评价、课程评价、教师评价、学生评价等核心评价要素，探索建立数据采集、数据分析、数据运用的质量管理数据平台系统，通过数据赋能、分类评价促进质量文化建设。二是树立质量数据信息导向意识，进一步建立健全数据说话、奖罚分明的动态性、可视化考核体系。数据在分析问题、评价和衡量教学质量和成效上有着天

然的说服力和可信度，民办本科院校教学管理部门要围绕教学管理、教师考核、质量监测、实践教学、毕业生就业质量等主要教学环节，充分运用专业化智能管理平台，通过及时、全面地分析应用真实数据，有效解决和持续改善教学过程中存在的问题。此外，通过质量数据信息的有效积累，可以动态记录工作进步的历程及轨迹，进一步强化员工的数据意识和质量文化，以数据说话保障制度执行，以制度执行促进质量文化落地。

在高质量教育发展的大背景下，民办本科院校作为我国高等教育的重要组成部分，要坚持以习近平新时代中国特色社会主义思想为指导，清晰辨明当下民办本科院校高质量发展的"形"与"势"，在统筹处理数量与质量、规模与效益以及外延与内涵等发展矛盾中，主动融入国家高质量教育体系建设中。通过构建内在质量文化，增强师生员工的主人翁意识和归属感，在特色化、差异化、数据化的发展路径中，探索形成新时期民办本科院校高质量发展的应然之道。

# 参考文献

[1]安心.高等教育质量保障体系研究[M].兰州：甘肃教育出版社，1999.

[2]高飞.后大众化背景下我国民办高校之质量文化建设方略[J].浙江树人大学学报，2015（1）：1-6.

[3]格里纳.质量策划与分析[M].北京：中国人民大学出版社，2006.

[4]胡赤弟.高等教育中的利益相关者分析[J].教育研究，2005（3）：38-39.

[5]胡晶晶.高等教育大众化背景下的高等学校质量文化建设[D].西安：西安电子科技大学，2008.

[6]黄福涛.日本大学质量保障体系的建立与基本特征[J].深圳大学学报（人文社会科学版），2016（4）：143-149.

[7]黄蓉生.质量与保障：坚守高等教育生命线[M].北京：教育科学出版社，2011.

[8]姜雪.大学教育质量文化建设策略研究[D].哈尔滨：哈尔滨师范大学，2012.

[9]蒋友梅.转型期中国大学组织内部质量文化的生成[J].江苏高教，2010（5）：54-57.

[10]焦磊.自评估文化：高等教育质量持续提升的内核[C].华东师范大学高等教育研究所，2011-10-18.

[11]金顶兵.英国高等教育评估与质量保障机制：经验与启示[J].教育研究，2005（1）：76-81.

[12]李辉.从文化层面审视大学教学与科研职能的和谐[J].现代教育科学，2006（1）：10-12.

[13]李洛加.研究生教育质量文化建设研究[D].太原：山西大学，2023.

[14]梁忠环，张春梅.论民办教育教学质量文化建设[J].现代教育，2012（10）：31-35.

[15]龙雯雯.高等学校质量文化建设策略研究[D].武汉：中南民族大学，2012.

[16]罗儒国，王姗姗.高校质量文化建设的误区与出路[J].现代教育管理，2013（10）：30-36.

[17]罗索夫斯基.美国校园文化——学生、教授、管理[M].谢宗仙，周灵芝，马宝兰，译.济南：山东人民出版社，1996.

[18]莫甲凤.大学自治模式的英国高等教育质量保障体系：特点与启示[J].中国高教研究，2012（4）：36-40.

[19]彭正霞，朱继洲.英国高校"质量文化"及内部质量保障体系[J].高教发展与评估，2006（4）：45-47.

[20]瞿葆奎.教育与教育学[M].北京：人民教育出版社，1993.

[21]宋鸿雁.欧洲高等教育质量文化检查探析[J].世界教育信息，2012（11）：30-33.

[22]宋晓洁.民办本科高校教学质量保障体系研究[D].南宁：广西师范学院，2017.

[23]孙雷.现代大学制度下的大学文化透视[M].北京：光明日报出版社，2010.

[24]孙雷.现代大学制度下的大学文化透视[M].北京：光明日报出版社，2010.

[25]唐松林.培育质量文化 建立常态化的质量管理模式[J].中国高等教育，2008（24）：45-47.

[26]汪丁丁，韦森，姚洋.制度经济学三人谈[M].北京：北京大学出版社，2005.

[27]王保星.质量文化与学生参与：新世纪十年英国大学教育质量保障的新思维[J].杭州师范大学学报（社会科学版），2012（1）：118-123.

[28]王建华.高等教育质量管理的新趋势及我国的选择[J].中国高教研究，2008（8）：21-25.

[29]王能东."自反性现代性"理论述评[J].国外理论动态，2009（7）：99.

[30]王诗歌.推进高校高质量教育体系发展——借鉴法国高等教育体系的特色[J].长江丛刊，2022（8）：114-116.

[31]王一涛.民办高校创办者子女接班：一个值得关注的现象[J].高等教育研究，2012（7）：79-85.

[32]邬智，王德林.加强质量文化建设，完善高等教育质量保障体系[J].华南理工大学学报（社会科学版），2010（2）：80-82.

[33]吴颖珊.高等教育质量文化建设研究：以浙江工业大学为例[D].杭州：浙江工业大学，2012.

[34]徐丹.制度与文化的共生：加州大学伯克利分校的教育质量保障之道——与约翰·奥布雷·道格拉斯教授对话[J].大学教育科学，2011（2）：86-90.

[35]姚泽有，佘时飞.北欧奇迹背后的高等教育质量保障体系探究[J].大学教育，2017（2）：184-186.

[36]张鹏.高校教育质量文化建设的路径和策略研究[D].兰州：西北师范大学，2014.

[37]张珊珊.英国高校质量文化与内部质量保障机制研究——以伦敦大学学院（UCL）为例[J].教育与考试，2013（1）：83-86.

[38]张文玉.民办高校基于人才培养的教学质量文化建设探讨[J].读天下（综合），2021（5）：200.

[39]赵海峰.民办本科高校教学质量保障体系建设研究——基于浙江省民办本科高校的调查分析[D].厦门：厦门大学，2020.

[40]中国质量协会.质量文化建设方略[M].北京：中国标准出版社，2011.

[41]朱为鸿.学生参与：我国大学管理创新的动力机制[J].国家教育行政学院学报，2007（11）：22-25.